# 陪孩子度过 3岁叛逆期

蔡万刚 ◎ 编著

中国纺织出版社

## 内 容 提 要

常言道,三岁看大,七岁看老。三岁对于孩子而言是至关重要的一年,在孩子的成长中起着不容忽视的关键作用。

本书针对孩三岁孩子不听话的表现,探寻孩子叛逆背后的动因,让父母不至错过孩子的最佳教育期。三岁是孩子可塑性最强的阶段,父母必须用心用爱多多关心和陪伴孩子,了解孩子的身心发展特点和情绪情感特点,才能顺利陪伴孩子度过三岁叛逆期。

**图书在版编目(CIP)数据**

陪孩子度过3岁叛逆期 / 蔡万刚编著. ——北京:中国纺织出版社,2019.11
ISBN 978-7-5180-6036-8

Ⅰ.①陪… Ⅱ.①蔡… Ⅲ.①婴幼儿—家庭教育 Ⅳ.①G781

中国版本图书馆CIP数据核字(2019)第051239号

责任编辑:赵晓红　特约编辑:王佳新
责任校对:江思飞　责任印制:储志伟

中国纺织出版社出版发行
地址:北京市朝阳区百子湾东里A407号楼　邮政编码:100124
销售电话:010—67004422　传真:010—87155801
http://www.c-textilep.com
中国纺织出版社天猫旗舰店
官方微博http://weibo.com/2119887771
三河市宏盛印务有限公司印刷　各地新华书店经销
2019年11月第1版第1次印刷
开本:710×1000　1/16　印张:13
字数:168千字　定价:39.80元

凡购本书,如有缺页、倒页、脱页,由本社图书营销中心调换

# 前言

父母在带养孩子的过程中，总是接二连三地遇到很多问题，有的时候问题出现的速度之快，让父母感到应接不暇、手足无措。当然，在此过程中，他们也感受着孩子努力地成长，见证着孩子不遗余力地学习。从出生之后，孩子每时每刻都在学习和成长。前一天，孩子还不会说话，后一天，他们就能用拖长的声音叫"爸——爸——爸——"了；前一天，他们还需要扶着沙发才能勉强颤颤巍巍地挪动，后一天，他们就可以跌跌跄跄地用颤抖的双腿往前走了，哪怕一屁股摔坐在地上，他们也不哭，而是爬起来，继续勇敢地朝前迈步……正是在这样的过程中，孩子不断地成长，努力地进步，父母作为孩子最亲密无间的陪伴者和最无私爱着孩子的人，也亲眼见证着这一切。

父母为孩子的小小进步而欣喜万分，也为孩子受到的挫折而焦虑紧张。尽管父母已经为了孩子倾尽所有、付出所有，但是孩子的成长并不总会让父母始终感到欣喜，他们给父母带来的也有坏变化引起的焦虑和紧张。有一天早晨醒来，父母发现原本对他们言听计从的孩子变了，从温顺乖巧变得叛逆暴躁，他们动辄发脾气，有小小的不如意就会哭泣，搞得父母简直不知道应该如何面对他们。他们还满口脏话，辱骂家里的亲人。有时和小朋友玩得正高兴呢，就因为争夺某一个玩具而彼此反目成仇……看着这个不断闯祸却又对父母的话置若罔闻的小家伙，父母或者批评呵斥，或者声色俱厉，甚至会抬起手来给他们两巴掌，也会以他

们的需求去威胁他们,但是这一切都不能使孩子妥协。这一切,只因为他们是——三岁的孩子啊!

很多经历过孩子青春期的父母,会因为孩子在青春期的叛逆和躁动而担忧心烦,说青春叛逆期是最难以度过的阶段,其实这只是因为他们忘记了孩子在三岁时候的样子。对于大多数父母而言,三岁的孩子同样使人头疼,这是因为三岁的孩子还不太懂事,却又急迫地想要独立;他们丝毫不乖巧,总是和父母对着干,令父母头疼不已;他们非常执拗,哪怕是穿衣服的顺序错了,去幼儿园没有走平常的路,也会惹得他们哇哇大哭,而父母却茫然不知所以……当然,父母对于三岁孩子的教养方式和对青春期孩子的教养方式是截然不同的。三岁的孩子更随性,父母只要了解孩子的天性,并掌握孩子身心发展的特点,顺应孩子的天性引导他们成长,给他们营造充满爱与自由的环境,就会发现三岁叛逆期也没有那么恐怖。

当然,三岁叛逆期并非一成不变的精确时间,有的孩子叛逆期出现得早些,有的孩子叛逆期出现得晚些。有些父母不了解三岁的孩子,导致孩子得不到想要的爱与关注,孩子叛逆的行为就会更加严重;有些父母知道三岁是孩子的一个门槛,且能有的放矢引导孩子发展天性,那么孩子成长得就会更顺利,叛逆的情况也会有所缓解……总而言之,父母是孩子最亲密无间的陪伴者,也是这个世界上最爱孩子的人,一定要给孩子爱与自由的成长环境,也给孩子积极正向的引导,更要爱护孩子的天性,顺应孩子的天性,这样孩子才能更好地度过三岁叛逆期,迎来人生中更快乐的成长阶段。

编著者<br>2019年5月

# 目录

第01章　三岁孩子不听话：注意，是叛逆期来啦　/ 001

　　三岁是潮湿水泥期的开始　/ 002

　　三岁的孩子为何指东向西　/ 004

　　孩子为什么不听话　/ 006

　　孩子为何这么愤怒　/ 009

　　让孩子接纳自己的情绪　/ 011

　　秩序感：孩子安全感的重要来源　/ 013

　　孩子眼中无小事　/ 016

　　放松心情，让孩子的成长顺其自然　/ 017

第02章　没有无故的叛逆：每种行为背后都有动因　/ 021

　　我不，我不，我偏不　/ 022

　　孩子为何不喜欢睡觉　/ 024

　　不要剥夺孩子哭泣的权利　/ 027

　　孩子为何总是求抱抱　/ 030

　　帮助孩子养成爱收拾的好习惯　/ 032

　　孩子为何总是吃手　/ 034

　　这是我的，我的，我的　/ 037

孩子为何喜欢撒谎　/ 039

进入诅咒敏感期的孩子　/ 042

## 第03章　孩子的叛逆和父母有关：父母的养育方式很关键　/ 045

孩子是父母的镜子　/ 046

父母的叛逆期也来了　/ 048

溺爱，是对孩子最大的害　/ 050

强权威力损害亲子关系　/ 052

教养方式对了，孩子更强大　/ 054

真正尊重和平等对待孩子　/ 056

## 第04章　用爱和关怀建立安全感：帮助孩子平稳度过第一个叛逆期　/059

妈妈的爱是无私的　/ 060

用爱给孩子强大的力量　/ 062

不顺从的孩子也许更有主见　/ 064

任何时候都不要与孩子对立　/ 066

给孩子"当家做主"的机会　/ 069

用安全感陪伴孩子成长　/ 071

不给孩子贴上负面标签　/ 074

别让孩子习惯于向老人寻求庇护　/ 076

第05章　和孩子好好说话：你的赞美是抚平孩子叛逆心的清风　/079

　　自信的孩子最美丽　/080

　　给孩子表达的机会　/082

　　适当关注，让孩子健康成长　/085

　　不要对孩子进行横向比较　/087

　　挖掘孩子的闪光点　/089

　　引导孩子坦然面对挫折　/091

　　让孩子做他喜欢的事情　/094

第06章　做好情绪的父母：别让你的脾气催化孩子的叛逆　/097

　　听话从来不是好孩子的标准　/098

　　不要用爱绑架孩子　/100

　　不要用威胁的手段处理孩子的叛逆行为　/101

　　耐心解答孩子的提问　/103

　　不要嘲笑孩子的愚蠢问题　/105

　　当警告发生超限效应　/107

　　不要教孩子睚眦必报　/109

　　好情绪的妈妈更能满足孩子　/111

　　不要把孩子当成人生的全部　/113

　　好妈妈要活到老学到老　/116

## 第07章 为孩子建立秩序感：用规则约束孩子的叛逆行为 / 119

三岁的孩子最爱遵守规则 / 120

帮助孩子分清你的、我的 / 122

排队才能玩到玩具 / 124

告诉孩子要远离危险 / 127

家要讲温情，也要讲规则 / 129

换一种方式对孩子说"不" / 132

## 第08章 好孩子是教出来的：叛逆期要更注意孩子的性格和习惯养成问题 / 135

让孩子学会主宰情绪 / 136

多多鼓励胆小怯懦的孩子 / 138

尊重和民主让孩子勇于坚持主见 / 140

转移注意力，有效改善孩子的固执 / 144

孩子为何喜欢打人 / 146

专注是孩子必不可少的能力之一 / 148

## 第09章 多多陪伴：没有什么问题是父母和孩子在一起不能解决的 / 151

寓教于乐，让孩子玩中学 / 152

在游戏中培养孩子独立、乐观的精神 / 154

孩子有自由，才有好情绪 / 157

让孩子决定玩什么 / 159

远离电子产品，亲近大自然 /161

孩子为何特别依恋某一个玩具 /163

孩子为何这么孤单 /165

让孩子学会明辨是非 /167

第10章 你想孩子成为怎样的人，就要怎样对待孩子 /169

助人为乐，点亮孩子心灯 /170

在孩子需要时陪伴孩子 /172

给孩子树立诚实的榜样 /175

不要当孩子的救火员 /176

坚持"自己的事情自己做" /178

第11章 家庭教育要警惕这些常见错误 /181

明确性别定位，孩子才有好性格 /182

打人不打脸，保护孩子自尊 /185

不要把自己的愿望强加于孩子 /186

不要带着负面情绪教育孩子 /188

体罚孩子要不得 /190

培养孩子的独立性 /193

坚定温和地拒绝孩子的无理要求 /195

参考文献 /197

# 第01章

## 三岁孩子不听话：注意，是叛逆期来啦

很多父母会发现，原本乖巧懂事的孩子，在三岁前后突然变得不听话，这是为什么呢？其实，三岁不乖就对了，如果太乖，则说明孩子没有进入特定的成长阶段——三岁叛逆期。在三岁前后，孩子迎来人生的第一个叛逆期，他们的自我意识开始觉醒，不断发展，这使他们把自己与外界区分开来，也让他们更加坚持己见。面对孩子的叛逆，父母不要烦恼，而要意识到孩子正在以叛逆的方式成长，因而要更加用心地引导孩子走过这个特殊的阶段，保证孩子身心健康、快乐从容地成长。

## 三岁是潮湿水泥期的开始

民间有句俗话，叫三岁看大，七岁看老。这句话是什么意思呢？这句俗话流传了千百年，但有没有科学的依据呢？这句话告诉我们，通过一个孩子在三岁时的表现，就可以知道他长大之后的样子；通过一个孩子在七岁时的表现，就可以知道他一生的样子。虽然听起来有些过于绝对，但是也有一定的心理学依据，因为孩子在三岁前后进入性格塑造的关键时期。从三岁到六岁，孩子处于潮湿水泥期阶段，在这个阶段，孩子的性格塑造将完成90%左右。所以父母一定要抓住这个关键时期对孩子展开引导和塑造，而不要误认为孩子还小，就对孩子的性格养成不管不顾。意大利大名鼎鼎的教育家蒙台梭利也曾经说过，孩子在出生之后到三岁之间的成长和发展，胜过三岁之后人生的总和。由此可见，蒙台梭利所说的意思和我们的"三岁看大"不谋而合。

当然，三岁看大并非单纯指观察孩子在三岁这个时间节点所表现出来的成长状态，而是指孩子从出生到三岁期间所经历的成长，观察孩子的言行举止、行为习惯和脾气秉性。也就是说，唯有对孩子在出生后的前三年的表现进行综合评估，才能对孩子成年之后的性格、人生等进行有效的预估。不可否认，每个孩子都是世界上独一无二的生命个体，他们在出生的时候会存在先天的不同，但是这些不同并不明显。最重要的

在于，孩子在此后的三年中得到父母怎样的引导和教育，在怎样的家庭环境中成长。正是这至关重要的三年，决定了孩子是更加凸显优秀，还是更加凸显劣根性。在三岁前，孩子的脑部发育也非常迅速。随着身体的快速成长，他们各个方面的能力也在不断地增强。为此，三岁前也是培养孩子学习能力的关键时期。三岁之后，孩子各方面的成长如同手机在出厂前已经有了基本设置，再成长就是锦上添花，而往往无法改变孩子的本质。

看到这里，也许有些父母会感到惊奇：三岁之前对于孩子真的这么重要吗？的确，在传统的教育观念影响下，很多父母觉得孩子五岁之前都没有记忆，因此心安理得把孩子送回老家交给老人抚养，或者把老人接到身边负责带养孩子，而父母则全心全意地工作，完全忽略了孩子的成长。不得不说，这样的行为是对孩子极其不负责任的。真正明智的父母，会把握住孩子三岁前的宝贵时光，用心陪伴孩子，用爱浇灌孩子的生命之花，也在和孩子一起成长的过程中发掘孩子的潜力，激发孩子的潜能。

所谓一分付出一分收获，在教养孩子方面，父母付出多少，对于孩子一定会产生截然不同的效果。具体而言，父母在孩子三岁之前，要尤其关注和注重培养孩子以下几个方面。第一，性格。孩子在三岁前后性格逐渐成型，所以父母千万不要误以为孩子还小、任由孩子自由成长，而试图等到孩子长大之后再塑造孩子的性格，这是根本不可行的。第二，智力。在三岁之前，孩子的脑部发育达到60%，所以父母要抓住三岁前的宝贵时间给予孩子更多的脑部刺激，让孩子更加聪明活泼。第三，能力。对孩子学习能力的培养，在三岁之前也是至关重要的。三岁前，孩子的感知觉、记忆能力、思维能力都会快速发展，他们几乎每时

每刻都在学习，都在探索这个神奇的世界，也在了解自己的身体。为此父母要抓住这个关键时期，事半功倍地引导孩子努力学习，也让孩子形成更强的学习能力。总而言之，孩子三岁前的成长状态，对于他们的一生都会产生不容忽视的影响，父母一定要抓住三岁前的宝贵时期，想方设法努力教养孩子，并给予孩子最佳的陪伴和最用心的爱。

## 三岁的孩子为何指东向西

面对三岁孩子的指东向西，父母总是感到非常苦恼，他们不知道原本乖巧可爱的孩子为何突然间变得这么执拗，有的时候简直怀疑孩子是在故意和父母作对。对于孩子这样的情况，父母完全无须担忧，因为孩子在叛逆期的表现就是执拗，他们固执得可爱，也固执得让父母束手无策。通常情况下，孩子的这种执拗在两岁前后就开始初露苗头。在两岁之前的婴幼儿时期，孩子处于无我的状态，即他们认为自己和外部世界是浑然一体的，无法区分自己和外界的关系。到了两岁前后，孩子的无我状态发生改变，他们的自我意识开始萌芽和发展，为此，他们日益表现出鲜明的个性，也渐渐可以把自己和外界区分开来。为此，他们开始探索外部世界，也喜欢按照自己的意愿行事，而不愿意继续听从父母的指令和安排。这时，让父母苦恼的"对着干"情况也就自然发生。

要想了解孩子在三岁叛逆期的表现，父母就要知道，孩子在成长的过程中将会经历三个叛逆期：第一个叛逆期始于两岁前后，在三岁期间到达高峰期；第二个叛逆期始于六岁前后，到九岁前后结束；第三个叛逆期也是影响最大、持续最久、最让父母感到头疼的叛逆期，出现在十二岁前后，与青春期重合，通常会持续到十八岁前后。第三个叛逆期也被称为青春叛逆期，这意味着青春期与叛逆期同时到来，所以很多经历过孩子青春叛逆期的父母，提起这个让人头疼的阶段都会心有余悸。其实，这都是孩子成长必然要经历的阶段，只要父母提前了解孩子的身心发展规律，就可以陪伴孩子顺利度过人生中的三个叛逆期。接下来，就让我们看看——如何迎接孩子的第一个叛逆期呢？孩子在第一个叛逆期又会有怎样的表现呢？

在两岁前后，孩子随着自我意识的发展，进入有我的状态，因而会把自己与外界区分开来。正是在这样的心理背景之下，他们开始对外部世界产生浓厚的兴趣，开始探索外部世界，也开始研究自己和外部世界之间的关系。随着不断成长，他们还会进行具体细致的探索，既了解自己与外部事物的关系，也摸索自己可以利用外部的事物进行哪些活动。然而因为能力的限制，孩子无法每次都如愿以偿，也开始初尝挫折的滋味。为此，孩子不可避免地陷入烦恼的状态，他们虽然遭遇失败，却依然固执己见地要实现自己的理想，而不愿意以"拿来主义"的心态借鉴父母的经验和劝说，为此，他们就表现出执拗的样子。其实，父母应该理解孩子的状态，也体谅孩子的用心。如果孩子做的是无关紧要的事情，即使顺其心意也不会引起恶劣的后果，为何不支持孩子去做呢？这样至少孩子可以探明真相，也可以知道最终的结果如何。对于迫切想要了解世界也验证自身能力的孩子而言，这样通过亲身实践得来的经验，显然比他们盲目地听从父母的经验来得更加可信。然而，孩子的心灵是稚嫩的，当他们非常努力最终却证明自己的失败之后，他们会感受到深深的挫败感，也会因此陷入焦虑的状态之中。

了解孩子执拗的原因之后，很多父母都会心疼稚嫩的孩子。然而，

这正是孩子成长的经历,当孩子亲身实践的次数越来越多时,当孩子切实认识到现实时,他们的经验也会随之丰富起来,渐渐地,他们就可以熟练地运用已有的经验来进行决策、解决问题,也就会收获成功的喜悦和成就感。

由此可见,三岁的孩子之所以指东向西,非常执拗,就是因为他们的能力发展不足、经验匮乏,所以他们在面对外界的很多情况时往往处于无奈又无助的状态,在这种情况下,他们又不愿意借鉴父母的经验,所以他们难免会变得执拗,固执地尝试,固执地继续错下去,固执地要凭着自身的力量探索世界。这样的情况大概会持续到孩子三岁半前后,看起来,孩子根本不讲道理,对于父母好心好意的帮忙也不领情,实际上,这只是因为孩子还不是很明确自己与外部事物之间的关系。父母要耐心地配合孩子,满足孩子探索和尝试的需要。当心理上的需求得到满足时,当情绪也渐渐趋于稳定时,孩子才能从烦恼的状态之中摆脱出来,快乐地成长。父母要相信,孩子即使暂时很执拗,也终究有一天能够想明白其中的道理,因而当父母的合理建议和好心帮助被孩子拒绝时,不要心急,不如等待孩子自己想通,从而主动作出明智的选择。

## 孩子为什么不听话

辛苦抚育孩子成长的父母,一定做梦都想要拥有一个听话的孩子。为此,很多父母都常常把"听话"挂在嘴边,将其作为对孩子的希望一次又一次地说出来,也会将其作为评价孩子的重要标准之一。殊不知,听话从来不是孩子成长的目标,他们之所以努力地生长,最大的心愿是希望自己有朝一日可以独立自主。偏偏有很多父母不由分说地要求孩子听话，他们很少反思自己对孩子的要求是否合理，也不去思考以孩子的能力能否顺利达到这些要求，而是一味地要求孩子听话。若孩子很听话，父母就会慷慨地表扬孩子，也感到欣慰；若孩子不听话，父母就会抱怨和指责孩子，内心陷入焦虑的状态。那么，孩子听话的结果将会如何呢？他们或者在听话的过程中变得性格软弱，唯唯诺诺，或者在听话的过程中压抑自己的内心，有朝一日终于火山喷发，惊天动地地反抗。与其等到结果无法挽回的时候再懊悔，父母不如在孩子小时候就给孩子自由表达的权利，也让孩子可以真诚地吐露心声，坚持自己的想法和主见。这样一来，父母教养孩子也许会花费更多的时间和精力，但是，渐渐地，孩子会养成独立自主的意志力，也会在面对很多问题的时候努力想办法解决问题。毫无疑问，唯有这样的孩子，长大之后才会更加自立坚强，才能从容地面对人生，成为真正的人生强者。所以父母不要再抱怨孩子不听话，因为孩子不听话才对。

新生儿呱呱坠地的那一刻，对于父母非常依赖，他们必须在父母的照顾下才能生存。在此后一两年的时间里，他们对父母有强烈的依赖感。而随着渐渐成长，孩子对于父母的依赖感渐渐减弱，他们想要通过自己的努力探索世界。而此时，父母还依然沉浸在孩子对自己的依赖之中无法自拔，因此，面对孩子试图摆脱对父母的依赖的行为，父母总是难以接受。从这个角度而言，不是孩子离不开父母，而是父母离不开孩子。在潜意识里，父母希望可以一直得到孩子的依赖，也希望孩子始终对父母言听计从。然而，没有任何人能够阻挡孩子成长的脚步，不管父母是否接受孩子渐行渐远的疏离，孩子都要长大，都要独立于父母。此外，父母还要摆脱一个错误的观念，即觉得只有父母的经验才是金科玉

律，而孩子的误打误撞是不值一提的。其实不然。对于孩子的成长而言，他们自身不断尝试和犯错的过程，是更宝贵的成长经验。

不管父母是否承认，被孩子顺从的感觉都是很美妙且让他们欲罢不能的，面对原本对父母言听计从的孩子似乎一夜之间就从"顺民"变成了"暴民"，面对孩子一连声的"不"，父母不免感受到挫折。最让父母无奈的是，不管他们是耐心劝说还是强制要求，孩子都只是一味地反抗，这简直让父母抓狂。为此，父母开始对孩子展开听话教育，寄希望于孩子能再次对父母言听计从，也希望孩子再次依赖父母。然而，孩子的成长过程是不可逆转的，随着孩子渐渐长大，他们的独立意识越来越强烈，内心深处对于独立的渴望更加热切，再加上人生经验不断增长，所以他们必然要面对这个世界。对于孩子而言，这当然很重要。

当孩子处于执拗期，父母会发现要想改变孩子很难。尤其是当父母想要以硬碰硬地强制要求孩子改变时，孩子会变得更加固执。在与父母对抗的过程中，孩子感受到自身的力量，所以他们更加热衷于说"不"。实际上，孩子说"不"并不是故意违抗父母，也不是闹情绪，而只是想从身边赶走那些让自己心生厌倦的事物。在此过程中，孩子也在感受自身的权利，试图通过探索的方式确定自己的力量有多大。作为父母，我们千万不要剥夺孩子的探索权利，而应耐心一些配合孩子去探索。当父母可以理解孩子的情绪、了解孩子的内心，也支持孩子行使主权时，亲子关系就会上升到崭新的层次。

第 01 章　三岁孩子不听话：注意，是叛逆期来啦

## 孩子为何这么愤怒

在教养孩子的过程中，很多父母最头疼的事情就是孩子无缘无故、无休无止的哭闹。父母不明白，孩子吃饱喝足，玩得开心，为何会莫名其妙闹情绪呢？不可否认，孩子也和所有成年人一样是感情动物，既然是感情动物，又在人群中生活，他们必然也会产生各种各样的情绪。因此，孩子有情绪是正常的。但此时，孩子不知道如何表达自身的情绪，更不能做到理性调整情绪，所以他们只能以哭闹不休来表达自身的情绪和情感，也因此给父母带来了莫大的烦恼。

面对孩子哭闹不休的行为，很多父母都会陷入误解之中，觉得孩子是太任性、太矫情，或者是不服从父母的管教，所以才会以哭闹来要挟父母。不得不说，这的确是冤枉孩子了。通常情况下，年幼的孩子如果没有遇到让他情绪冲动的事情，在吃饱喝足、身体舒适的情况下，会更加专注于探索外部世界，而不会一味地哭闹。因此，作为父母，当发现孩子哭闹不止的时候，我们要查找孩子哭闹的原因，然后才能有的放矢地安抚好孩子的情绪，解决问题。

孩子从刚刚出生的时候开始，就已经掌握哭这种语言。在四个月之前，若生理需求得不到满足，或者感到身体某个部位不舒服，他们就会哭。到了四个月前后，他们开始产生愤怒的情绪，当各种愿望得不到满足的时候，他们在愤怒的驱使下会哭闹不休。这个时候，哭泣不再作为语言单纯起到表达需求的作用，也作为一种表达愤怒的方式，被孩越来越娴熟地运用。随着不断地成长，孩子的愤怒情绪越来越明显，出现的次数也更加频繁，为此孩子也更擅长哭闹。这种情况下，孩子的哭闹带有明显的愤怒情绪。

很多父母都不知道孩子为何会感到愤怒,其实从心理学的角度而言,一个人之所以感到愤怒,是因为感受到威胁。而对于孩子而言,一旦感受到威胁,他们的自我保护本能就会被激发,他们也就会产生激烈的情绪反应。因此,当发现孩子哭闹不休、非常愤怒的时候,父母不要急于消除孩子的愤怒情绪,而应该让孩子通过哭泣发泄愤怒,这样才能消除孩子伤心难过的负面情绪,才能让孩子从烦躁的状态之中恢复平静。要想有效消除孩子的愤怒,让孩子不再哭闹,最重要的在于找到孩子愤怒的根源,帮助孩子保持情绪稳定。通常情况下,导致孩子愤怒的原因很多,可以归结为以下几类:第一类原因,需求没有得到满足。孩子的需求分为生理需求、心理需求和感情需求。父母要随时检查孩子的生理需求是否得到满足,也要密切关注孩子的心理状态和情绪状态。第二类,孩子感到恐惧。面对未知的事物,人都有本能的恐惧,对于孩子而言,整个世界都是陌生的。因而当孩子身边出现陌生人或者孩子听到不熟悉的声音时,他们都会因此而感到紧张恐惧,并由此转化为愤怒的情绪。例如,很多怕生的孩子,一旦见到陌生人就会愤怒地哭泣。第三类,孩子的自尊心受到伤害,感受到深深的挫败感。这种情况往往发生在稍微大一些的孩子身上,因为大一些的孩子已经有了羞耻感,也很爱面子,所以当他们颜面受损时内心就会感到愤怒。第四类,孩子受到伤害。三岁的孩子已经有了社会交往的需要,他们更愿意和同龄人一起玩耍,如果被同龄人拒绝,他们就会因此而受到伤害,感到愤怒。第五类,感觉被忽视。父母与孩子朝夕相处,亲密无间,常常会强迫孩子按照父母的意愿去做很多事情,而无视孩子的需求,这也会导致孩子愤怒。

总而言之,导致孩子愤怒的因素有很多,具体因为什么原因而愤

怒,与孩子的脾气秉性和具体事件密切相关。父母要更加了解孩子的内心,洞察孩子的情绪,熟悉孩子的脾气秉性,才能知道孩子愤怒的原因,才能从根源上消除孩子的愤怒,帮助孩子恢复和保持良好的情绪。

## 让孩子接纳自己的情绪

孩子的情绪是复杂多变的,而且变化很迅速,常常让人应接不暇。人们在形容天气情况变化复杂的时候,总是说"六月的天,孩子的脸",这也从侧面告诉我们孩子的情绪瞬息万变。情绪愉悦的时候,孩子总是眉开眼笑,连眼睛都笑得弯起来,就像弯月一样非常可爱;情绪糟糕的时候,孩子可不懂得掩饰自己的情绪,而是马上就会哭闹不止。孩子之所以因为坏情绪而哭闹,有两个方面的原因,一个就是坏情绪的确让孩子感到伤心难过,他们因为本能的反应而哭闹;一个就是孩子不了解坏情绪,更不知道如何应对坏情绪,为此手足无措的他们只能以哭闹的方式发泄情绪。要想让孩子避免因为坏情绪而哭闹,父母就要引导孩子认知坏情绪,并理性接纳坏情绪,这样才能从根本上解决问题,才能让孩子更加身心愉悦,免受坏情绪的困扰。

从呱呱坠地的那一刻,孩子就能够感知和体验情绪,但是因为心理相对稚嫩,所以他们必须不断成长以增强对情绪的体察和控制能力。在成长的过程中,孩子各个方面的能力都得以发展,他们变得更加充满智慧,心智也更加成熟和复杂,为此,孩子要逐渐学会控制情绪、调节情绪,真正成为情绪的主宰,这样才不会为"情"所困。当然,孩子毕竟各方面能力有限,而且人生经验很匮乏,所以,在某些特定的情况下,

他们还是会因为情绪冲动而歇斯底里。偶尔发生这样的情况，是正常的，就算是成人也无法做到完全控制自身的情绪，所以父母要理性对待孩子的情绪问题，而不要在孩子情绪失控时父母更加暴怒，否则就会导致事情的发展更加糟糕和恶劣。

有一天，妈妈买了一个非常美味漂亮的蛋糕，甜甜特别喜欢，当即就拿起买蛋糕送的塑料勺子开始吃起来。妈妈看到甜甜吃得满脸都是，又因为无法控制好拿着勺子的力度，把蛋糕挖得乱七八糟，为此妈妈提出喂甜甜吃蛋糕。一开始，甜甜一口一口吃得很好，后来，她有些吃饱了，也觉得喂别人吃蛋糕是一件有趣的事情，为此，她从妈妈手里拿过来勺子，开始喂妈妈吃蛋糕。

一口一口又一口，吃了不一会儿，妈妈看着满桌子都是蛋糕，有些心烦，因而拒绝再吃甜甜喂的蛋糕。甜甜很生气，不愿意把勺子给妈妈，还坚持要喂妈妈吃蛋糕。再次被拒绝且被没收勺子之后，甜甜愤怒地哭起来，还故意把蛋糕打翻到地上。妈妈意识到自己的行为伤害了甜甜，没有继续训斥甜甜，而是柔声细语对甜甜说："甜甜生气了，是吧？妈妈知道甜甜很生气，但是甜甜为什么生气呢？"妈妈接纳了甜甜的情绪，甜甜变得平静一些，以稚嫩的语气控诉妈妈的拒绝行为。说完之后，甜甜的情绪好多了。妈妈可不想让甜甜继续祸害蛋糕，为此对甜甜说："我们该去做饭了，爸爸一会儿就下班回家吃饭，甜甜可以帮妈妈剥豆子吗？"听说要剥豆子，甜甜蹦蹦跳跳地去厨房了。

因为妈妈拒绝甜甜的好意，甜甜才会愤怒。妈妈意识到问题之后，当即接纳甜甜的情绪，认可甜甜的情绪，并且以剥豆子的方式让甜甜转移注意力，从而解决了问题。很多父母在教养孩子的过程中，一旦孩子情绪失控，父母往往就会马上否定孩子的情绪，甚至以更大的愤怒来压制孩子的情绪，结果导致孩子情绪受挫，变得颓废沮丧。其实，父母要想引导孩子控制情绪，首先要接纳孩子的情绪，其次才能引导孩子接纳自身的情绪，最后才可以帮助孩子消除负面情绪。否则，孩子原本就处于情绪的旋涡之中，如果再被父母否定情绪，则他们会更加崩溃。

此外，当父母想要改善孩子的情绪时，最重要的不是以硬碰硬，否则只会导致孩子情绪更加冲动，而应该采取合理的方式转移孩子的注意力，这样才可以迅速让孩子恢复平静，并有利于解决孩子的情绪问题。父母一定要记住，不要对带有情绪的孩子表现出厌恶嫌弃的样子，否则孩子就会因为父母的反应而更加排斥自身的坏情绪，这对于解决情绪问题显然是不利的。引导孩子接纳坏情绪，是帮助孩子解决情绪问题的第一步，作为父母，我们首先要控制好自身的情绪，以稳定的情绪面对孩子，才能做到这一点。

## 秩序感：孩子安全感的重要来源

对于孩子而言，安全感是非常重要的。那么，孩子除了在父母的爱与照顾之中获得安全感，还可以从哪些渠道获得安全感呢？很多父母误以为孩子小，心思单纯，为此认为孩子的情绪感知力非常迟钝。事实并非如此。孩子虽然小，也是独立的生命个体，也有自己的思想和意识，因此他们非常敏感。在三岁前后，孩子进入秩序敏感期，因而秩序的建立和维护也是孩子获得安全感的重要方式。偏偏很多父母不知道三岁的孩子就需要秩序感，为此总是强硬地剥夺孩子建立秩序的权利，而对孩子表现出建立秩序的需求视若无睹，无形中导致孩子陷入混沌无序的状

态，也失去安全感。

每个孩子天生就有秩序感，而且非常强烈，能够帮助孩子准确分析和判断失误，也能够帮助孩子形成道德意识。由此可见，秩序感对于孩子的成长非常重要，且影响深远。即使对于出生几个月的婴儿来说，秩序感也是很重要的。例如，熟悉的环境有助于他们形成秩序感，而一旦进入陌生的环境中，他们往往会哭闹不休，其实，就是因为秩序感被打乱，他们才变得焦虑不安。在熟悉的环境中，看着熟悉的事物和人物，孩子觉得内心很踏实；而一旦进入陌生的环境，孩子失去秩序感，就会感受到危险，产生恐惧和愤怒。孩子从出生开始到两岁前后，都在建立秩序感，到了三岁前后，孩子进入秩序敏感期，对于秩序呈现出执拗的状态。了解了孩子在这个阶段的身心的发展特点后，对于孩子表现出的维护秩序的固执，父母应该给予孩子更多的理解和支持，不去随意破坏孩子坚持的秩序，这样孩子才能感受到内心的宁静和情绪的平稳。

幼儿园开学了，甜甜才刚刚上小班，妈妈清楚甜甜要经历一段时间去适应幼儿园生活，甚至在上幼儿园最初的几天时间里，一定会哭闹，因为这是大多数孩子去幼儿园的必经阶段。果然，甜甜也未能免俗，的确和妈妈预期的一样，哭闹了大概一周，终于可以高高兴兴去幼儿园，适应得还算顺利。

转眼之间，已经一个多月过去。有一天早晨，甜甜起床有些晚，没有来得及吃早饭，所以妈妈决定经过早点摊时给甜甜买个南瓜粥。为此，妈妈在走到岔路口的时候，没有选择平日里走的那条路线，而是换了一条路，以便更快地到达早点摊。但是才走了大概三十米，甜甜突然哭闹起来，拖拉着屁股不愿意继续朝前走，而是拉着妈妈的手回头。妈妈不解：这个家伙不是已经习惯上幼儿园了吗？为何现在又开始哭闹要回家呢？甜甜一边哭着，一边口中念念有词，妈妈很费力才听懂甜甜在说什么。原来，甜甜不是想回家，而是要走回原来的路。尽管妈妈和甜甜解释要去买南瓜粥，甜甜也不为所动，哭得更厉害了。无奈之下，妈妈只好牵着甜甜的手往回走，到了岔路口，回到之前的路上走向幼儿园。甜甜马上停止哭泣，高高兴兴和妈妈一起走着。

甜甜为什么会哭呢？原来，妈妈没有走每天都走的路，这破坏了甜甜的秩序感，让她失去安全感，所以她才会感到焦虑和愤怒，并因此而哭闹不止。在三岁前后，孩子进入秩序敏感期，如果说此前孩子一直在构建心中的秩序，那么他们如今的任务就是维持秩序，绝不能打乱秩序。

很多父母不了解孩子的心理发展特点，也不能明白孩子为何追求秩序感，所以总是无视孩子对秩序感的需要，也总是强迫孩子按照父母的意愿去做事情，这样一来，就会压抑孩子秩序感的发展，也会破坏孩子心中对于完美的追求，导致孩子失去自律力，未来变成一个自由散漫的人。作为父母，我们一定要尽量满足孩子对秩序感的需求，也要支持孩子建立秩序感。其实，在秩序敏感期，有心的父母还可以借此机会顺应孩子的天性发展，从而帮助孩子养成良好的生活习惯。当孩子固执地在每一件事情上都追求秩序感时，父母还可以以合理的方式引导孩子渐渐认识到，生活中有些秩序是会被打破的，这样一来，孩子在不得不面对被打乱的秩序时，就可以继续维持内心的秩序感，这对于孩子的成长有很大的好处。等到顺利度过秩序敏感期，孩子就能够建立良好的秩序，形成自律力，也不会再对秩序表现出执拗和墨守。当孩子把秩序感和机智灵活相结合后，他们当然会更加快乐地成长。

# 孩子眼中无小事

在父母心中,很多小事都是不值一提的,这是因为父母知道事情将会呈现出怎样的走势,最终达到怎样的结果。但是孩子心智发育不成熟,人生经验匮乏,他们无法准确预知事情的结果,为此,面对很多父母不屑一顾的小事,孩子总会当成大事去对待。作为父母,当看到孩子在小事上犹豫纠结的时候,我们千万不要嘲笑、挖苦或者讽刺孩子,而应理解孩子的心思,并尊重孩子的选择。

把同样一件东西放到不同的背景下,视觉效果截然不同。之所以父母和孩子对于同样的事情有截然不同的反应,也是同样的道理。孩子心中的背景很小,就衬托得小事不小,父母心中的背景大,就觉得小事不值得提起。很多父母都会无形中用成人的心思揣测孩子的心思,也把成人的思维套用到孩子身上,这样先入为主的强烈主观意识,往往导致父母无法理解孩子,甚至使父母误解孩子,引起亲子冲突。最重要的在于,父母要怀着一颗童真的心对待孩子,也要尽量从孩子的视角思考问题,这样才能理解孩子的情绪感受,并有效缓和亲子关系。

三周岁生日时,妈妈给甜甜买了一条公主裙。甜甜特别喜欢这条裙子,每天都要穿着它。有一天,妈妈带甜甜参加亲戚家里的婚宴,甜甜特意穿上美丽的公主裙。到了婚宴现场,眼看着宴席就要开始了,甜甜却一直站着,不愿意坐下。妈妈提醒甜甜:"甜甜,快坐下准备吃饭了。"甜甜摇摇头,说:"我的裙子。"正在上菜的时候,甜甜站在那里很碍事,为此妈妈又提醒甜甜:"甜甜,你站在那里挡着路了,快来坐下。"甜甜还是摇摇头。

妈妈失去耐心,拉着甜甜的胳膊,强制要求甜甜坐到板凳上。甜甜忍不住哭起来："坏妈妈，我的裙子都坏了。"妈妈这才明白，原来甜甜是害怕裙子坐出来褶皱，所以才小心翼翼地站着。为此，妈妈不以为然地说："有褶皱也没关系，等到你吃完饭站起来，裙子就会恢复原样的。"然而，甜甜还是生气地哭着，连饭也没有吃。直到妈妈无奈地把板凳拿走，让甜甜可以靠在桌子旁边站着吃饭，甜甜才破涕为笑，吃了一些美味的食物。

在妈妈眼中，裙子褶皱了也没关系，站起来就可以恢复，但是甜甜对于自己心爱的公主裙非常爱惜，也不确定把裙子坐出褶皱来还能不能恢复，为此她只好站着。在被妈妈强迫坐下之后，甜甜为了裙子而伤心地哭泣，连美食都对她失去诱惑力。直到妈妈圆满解决问题，甜甜才站着吃饭，始终保持美丽。

小姑娘都是天性爱美的，因而把美视为头等大事。作为父母，我们千万不要无视孩子看得非常重要的那些事情，而要了解孩子的心思、尊重孩子的意愿，慎重对待孩子关心的事情，这样才能保护孩子稚嫩的心灵，避免孩子受到伤害。对于三岁的孩子而言，他们正处于执拗期，非常追求完美，所以父母千万不要破坏孩子的好心情。如果遇到事情需要处理，父母也要更加尊重"小大人"，给孩子机会自主选择和处理问题，从而让孩子发挥主观能动性，并尽量圆满地解决问题。

## 放松心情，让孩子的成长顺其自然

"离离原上草，一岁一枯荣。野火烧不尽，春风吹又生。"这一首诗形象地向我们描述了野草顽强生长的样子，也表现出野草旺盛的生命

力和绝不屈服的精神,哪怕遭遇毁灭性的打击,只要一息尚存,也能很快恢复活力。和野草恶劣的生存环境相比,温室里的花朵的生存环境非常好,风吹不着,雨打不着,但是温室里的花朵总是娇滴滴的,经不起任何风吹雨打。有的时候,哪怕园丁稍微照顾不周到,它们就马上蔫头耷脑、奄奄一息。这是为什么呢?因为温室里的花朵生存无忧,所以生命力很弱。

如今,大多数家庭里都只有一个孩子,为此父母把所有的爱都投放到孩子身上,也总是无微不至地关心和照顾孩子。在这样的情况下,孩子锦衣玉食,生活无忧无虑,内心变得很脆弱,甚至误以为自己就是整个宇宙的中心。未来一旦受到小小的挫折和打击,就会马上一蹶不振、颓废沮丧,丝毫没有承受能力。面对这样的孩子,父母当然会担忧,因为父母即使再爱孩子,也不可能永远陪伴在孩子身边。随着不断地成长,孩子总要脱离父母的照顾,独自去面对残酷的生活。明智的父母不会对孩子照顾得过于精细,更不会始终让孩子泡在蜜罐里成长,而是会对孩子的成长采取顺其自然的态度,虽然给孩子提供便利的条件,但是绝不为孩子安排好一切。孩子越早独立面对生活的难题,他们独立生存的能力也就越强,将来才能支撑起属于自己的人生,并肩负起抚养孩子、照顾老人的重任,才能在工作上承受巨大的压力,出人头地。所以有人说,父母对孩子最大的害,就是溺爱孩子,不给孩子机会锻炼和成长。经风历雨,应该是孩子成长中的常态,只有如同野草一般顽强地生长,孩子才能真正成为人生的强者。

遗憾的是,现代社会有太多的父母对于孩子的成长过分焦虑。他们一方面全方位照顾和呵护孩子,竭尽全力为孩子提供最优渥的条件,一方面又迫于巨大的压力而对孩子揠苗助长,希望孩子能够超前学习到更多的知识，在未来获得更大的成功。不得不说，父母这样两个极端的态度，让孩子感到无所适从，也使孩子非常困惑和无奈。父母要知道，孩子的成长有自身的规律和节奏，即使父母再着急，也不要催促孩子快速成长；即使父母望子成龙、望女成凤心切，也要尊重孩子内心的节奏，让孩子按部就班走向成熟。

在很多父母心中，都觉得自己家的孩子一定是与众不同、出类拔萃的。殊不知，大多数孩子都是普通人，都必然有平凡的一生。与其用揠苗助长的方式改变孩子的成长节奏，压抑孩子的天性，不如尊重孩子的天性，让孩子按照自然的节奏不断地长大。很多孩子从小被冠以神童的称号，因为他们小小年纪就接连跳级，进入名牌大学学习。然而，他们的智力水平也许的确超前，但是他们的心智发育水平则相对滞后。在这种情况下，心智的成熟度与智力成熟度不相符，导致孩子虽然学业有成，却性格扭曲，心态不端正，因此人生容易走上歧途。若心急的父母对孩子的智力进行超前开发和透支，也就意味着孩子距离天性越来越远。

作为父母，我们千万不要觉得孩子在各个方面表现超前就是好事情，也不要为了让孩子显得与众不同、出类拔萃就采取非常手段干扰孩子的自然成长。大自然里，万事万物都有其生长的规律，人也是自然的一员，人的成长也要遵循自然成长的规律。很多时候，看似快实际上是慢，看似慢实际上却是快。只有遵循生命节奏的成长，才能最好地成长，才能开出最美丽的人生之花。爸爸妈妈们，不要催促孩子啊，让孩子慢慢地长大吧！

# 第 02 章
## 没有无故的叛逆：每种行为背后都有动因

三岁的孩子有一种特殊的本领，那就是把原本正常的很多事情瞬间都变得不正常起来，而且他们的怪异行为举止都发乎自然、理所当然。面对孩子"叛逆有理"的状态，父母又该如何是好呢？不管采取怎样的方式，父母都无法改变孩子必经的叛逆阶段，最好的做法就是寻找孩子叛逆行为背后的成长动因，从而理解孩子、宽容孩子、正确应对孩子。

## 我不,我不,我偏不

三岁孩子的妈妈会发现,孩子突然之间变得特别爱说"不",似乎他们要在短短的三岁之间就把一生之中要说的大部分"不"都理直气壮地说出来。这是为什么呢?很多父母觉得孩子是在以说"不"的方式表示对父母的反抗。其实不然。三岁的孩子虽然叛逆,却并非故意忤逆父母。作为父母,我们要了解三岁孩子的身心发展特点,才能知道孩子热衷于说"不"的行为背后隐藏的成长动因。

从心理学的角度而言,孩子在用说"不"的方式建立自己的心理疆界。例如很多孩子热衷于吃饭,而在进入三岁之后,面对妈妈喊他们吃饭,他们却不由分说地以"不"作拒绝。看着原本贪吃的孩子一连声地说"不吃,就不吃",妈妈简直丈二和尚摸不着头脑。孩子这是怎么了?为何连最爱吃的食物都不吃了呢?父母将其理解为孩子不服从管教,甚至认为孩子是在故意赌气,实际上孩子只是当时还不饿,或者手里正在玩着好玩的玩具而已。因为担心孩子不能摄入充足的营养,妈妈总是强制命令孩子吃饭,由此与孩子发生冲突。其实,孩子即使晚一点儿吃饭或者一顿不吃饭,也不会把孩子饿坏的,对于吃饭这件小事,面对正处于三岁叛逆期的孩子,父母为何不能给孩子权利决定何时吃饭、是否吃饭呢?这样一则可以避免与孩子之间发生冲突,二则也可以给孩

## 第02章　没有无故的叛逆：每种行为背后都有动因

子建立心理疆界的机会，可谓一举两得。

每到吃饭的时候，就是妈妈发愁的时候，因为，三岁的甜甜面对妈妈喊她吃饭，总是以简单干脆的"我不"作为回应。甜甜原本长得就很高，因而显得比较瘦弱，为此，妈妈把甜甜吃饭当成头等大事来抓，一旦看到甜甜不按时吃饭或者不吃饭，妈妈又无法命令甜甜来餐桌旁吃饭，就只好端着饭喂甜甜。趁着甜甜玩玩具的间隙，妈妈赶紧塞一口饭到甜甜嘴巴里，眼巴巴地等着甜甜把饭咽下肚子，妈妈又趁机塞入一口。整个午饭吃完，饭菜都已经凉透了，甜甜没吃多少，妈妈却没少挨饿。

很多家庭里，父母都有绞尽脑汁追着给孩子喂饭的经历，这样经历让父母感到很难受，也很疲惫，但是，为了让孩子多吃一口饭，他们认为自己别无选择。很多妈妈把孩子吃饭问题看得非常重要，甚至觉得孩子一顿不吃饭就会饿瘦，其实这完全是过分紧张导致的错误认知。还有的妈妈给孩子贴标签，每当孩子不吃饭，妈妈就觉得孩子是患上了厌食症，因而万分紧张和恐惧。不得不说，这样的妈妈需要认真了解下关于厌食症的知识，以免再随随便便给孩子贴上这样的负面标签。提起吃饭，别说孩子有的时候没胃口，或者因为忙于玩玩具就不愿意吃，就算是成人，也会因为各种原因而拖延吃饭。作为父母，我们要放松心情，不要把孩子不吃饭的行为看得过于严重，轻松对待孩子吃饭这件事情。

不管是吃饭还是睡觉，都是孩子自然的生理需求，孩子饿了就会要吃饭，新生儿饿了都知道哇哇大哭要奶喝，更何况是三岁的孩子呢？所以孩子饿了就会吃饭，渴了就会喝水，困倦了就会想睡觉，这是自然发生的行为，完全无须父母过分紧张。有些父母还会盲目迷信育儿书籍，对于孩子应该吃什么喝什么、几点睡觉、睡觉多久，都有严格的规定，

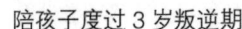

殊不知，孩子是个活生生的人，不是机器，根本无法做到那么精密。作为父母，我们切勿走入一个误区，即宁愿相信素未谋面的专家说孩子需要什么，也不愿意相信就在眼前的孩子表达的需求。

当然，适当规范孩子的言行举止还是有必要的。例如，要想让孩子养成按时吃饭的好习惯，全家人都应该在适当的时间坐到餐桌前吃饭。要想让孩子养成按时睡觉的好习惯，全家人都应该在相对固定的时间洗漱熄灯，按时休息。在孩子无法以自律力约束自己在正确的时间做正确的事情时，父母还可以给孩子提醒和引导，从而让孩子更加自觉主动。总而言之，父母要尊重孩子以"不"建立心理疆界，也要给予孩子恰到好处的教育和引导，帮助孩子规范言行，养成好习惯。

## 孩子为何不喜欢睡觉

解决了吃饭的问题，接下来的问题就是睡觉。大多数父母都认为，孩子吃饭是在长身体，睡觉也同样是在长身体，所以拥有充足的睡眠和通过饮食摄入充足的营养同样重要。但是偏偏孩子不喜欢睡觉，他们总是精力充沛，上蹿下跳，搞得父母束手无策。对于一个精力旺盛、不知道困倦的孩子，父母要怎么做，才能保证孩子充足的睡眠呢？要想解决这个问题，就要知道孩子为何不喜欢睡觉。

在大多数有三岁孩子的家庭里，父母每天要与孩子进行若干场战争，其中的一场战争就是针对孩子的睡眠问题展开的。为了让孩子睡午觉，很多妈妈拉上遮光的窗帘，关闭一切电子设备，而且躺在孩子身边大气也不敢出地假寐。最终的结果是，妈妈呼呼大睡，睡得昏天暗地不

## 第02章 没有无故的叛逆：每种行为背后都有动因

知今夕是何年，孩子却精神抖擞，先是躺在妈妈身边偷窥妈妈，接着就是在呼呼大睡的妈妈身边开始明目张胆地玩耍，最后居然蹑手蹑脚从床上逃跑，到了客厅里又蹦又跳。等到妈妈终于被孩子吵醒，却发现自己已经睡了两个小时，而孩子也躲过了午睡时间。为了让孩子午睡，妈妈如此煞费苦心，那么，妈妈是否还记得自己小时候午睡的情况呢？

在夏日炎炎的午后，知了的叫声一声紧似一声，那个小时候的妈妈看到父母已经睡着，就蹑手蹑脚打开门走出去，在自己家和邻居家的菜园里游荡，或者摘个西红柿，或者摘个黄瓜，用园子里的自来水洗干净吃起来。偶尔觉得太热了，还会用自来水冲洗腿和脚，感受片刻的清凉。因为无聊，这个午后显得特别漫长。如果还记得自己小时候午睡的情形，妈妈还会这么逼孩子午睡吗？

除了不午睡的孩子之外，还有些孩子特别爱午睡，一觉就从中午睡到了下午，导致他们整个晚上都精神抖擞，困意全无。面对玩到深夜的孩子，父母总是觉得很无奈，也因此而担心孩子黑白颠倒，可能会影响身体发育。对于这样的情况，父母可以想办法规范孩子的作息时间，例如，限制孩子午休的时间，或者如果孩子白天里精力旺盛，就不要让孩子午睡。这样，等到晚上，灯熄了，孩子很快就能呼呼大睡。坚持的次数多了，孩子的睡眠时间自然得以调整，作息也会变得越来越有规律。

三岁的依依睡眠时间完全颠倒了。她每天早晨八点钟起床后就要出去玩。玩累了，中午回到家里吃完饭，呼呼大睡到傍晚时分，然后又要出去玩。傍晚玩的时间比较短暂，等到晚上回家吃晚饭，依依就进入亢奋状态，完全不想睡觉，不停地上蹿下跳，蹦跶个没完没了。这样一来，就苦了妈妈。妈妈本来白天带着依依一天已经非常疲惫，到了晚上，因为依依不愿意入睡，妈妈也没有办法入睡，只能陪伴着依依。没

过多久,妈妈就变成了熊猫眼,大眼袋,黑眼圈,简直惨不忍睹。

为了调整依依的睡眠,妈妈尝试着在依依午睡一个半小时的时候就把依依叫醒,但是没睡醒的依依哭闹不休,整个下午都在缠着妈妈求抱抱,还哭哭啼啼的,让妈妈不堪其扰。眼看这个办法行不通,妈妈只好尝试着让依依不睡午觉。这天中午,妈妈一直在逗着依依玩耍,果然,依依到了晚上八点,刚刚洗完澡就睡着了。从此之后,妈妈每天都会陪伴依依玩整个下午,依依从晚上八点睡到第二天早晨八点,睡了整整十二个小时,起床之后精神抖擞,丝毫不觉得困倦。

孩子不喜欢睡觉,有多方面的原因,至于午休,并非每个孩子都需要午休,精力旺盛的孩子即使不午休,也可以玩到晚上,所以妈妈对于孩子是否午休无须强求。对于晚上睡觉,妈妈则要为孩子规律作息,让孩子按时休息,这样才能保证孩子拥有充足的睡眠,有利于孩子的生长发育。

要想促进孩子安然入睡,妈妈首先要营造安静的家庭氛围。有的家庭虽然规定孩子早睡早起,但是父母睡觉时间很晚,而且家里很吵闹,这样一来孩子如何安然入睡呢?因而全家人都要规律作息,为孩子营造休息的环境,孩子才会理所当然地入睡。其次,对于精力旺盛的孩子,妈妈在白天的时候要帮助孩子释放精力,当夜晚到来,孩子感到困倦,他们自然会因为疲惫而快速入睡。很多妈妈为了带孩子省心,喜欢把孩子圈养在家里,导致孩子多余的精力无法发泄出去,睡觉的时候也就不觉得香甜。再次,妈妈要了解孩子的睡眠规律,每个人对于睡眠的需求是不同的,每个孩子需要的睡眠时间也各不相同,妈妈要了解孩子,因人制宜地为孩子制订规律作息,而不要盲目迷信育儿专家的教科书。最后,孩子缺乏自制力,妈妈不要让孩子掌握睡眠时间,而应该帮助孩子养成规律作息。如果妈妈任由孩子根据自己的意愿决定什么时间睡觉,那么生性贪玩的孩子即使感到困倦也不会主动睡觉,而是会从精神抖擞玩到哈欠连天、上下眼皮都粘到一起的时候才能主动去睡觉。所以,尽管妈妈要信任孩子,应努力培养孩子的自觉性和主动性,却也要认识到孩子的自控能力相对比较差,自律力有限,因而不要把何时睡觉的决定权完全交给孩子。

此外还需要注意的是,即使孩子暂时不能顺应父母的安排按时睡觉,在孩子入睡之前,父母一定不要严厉地训斥孩子,强制要求孩子睡觉,否则孩子会把糟糕的情绪带到睡眠之中,导致入睡之后被噩梦骚扰。父母可以在约定的睡觉时间到达之前提前十分钟提醒孩子,这样让孩子作好心理准备入睡,孩子更容易接受要睡觉的事实;也可以为孩子准备一个定时器,与孩子约定等到定时器响起就主动睡觉,从而避免与孩子产生纷争和矛盾,也可以维持良好的亲子关系。所谓习惯成自然,孩子只有长期坚持规律的作息,才能形成生物钟,才能对睡觉不那么抵触。当孩子觉得按时睡觉是理所应当的事情时,他们就会怀着愉悦的心情入睡,父母也就无须再因为孩子的睡觉问题而烦恼。

## 不要剥夺孩子哭泣的权利

每一位父母都很熟悉孩子的哭闹,这是因为没有孩子不哭闹,越是年幼的孩子,越是容易陷入哭闹之中。但是,孩子绝不会无缘无故地哭闹,他们的哭闹都是有原因的,只是父母误以为孩子是在无理取闹而已。孩子的哭闹随心所欲,完全不分时间和场合,也不讲究方式和方

法，这让父母感到很抓狂。尤其是在人多的公共场合，父母简直觉得孩子哭闹是在打他们的脸。为此，每当这时，父母都会强令禁止孩子哭闹，甚至为此打孩子几个巴掌。然而，孩子可不吃父母这一套，而是哭闹得更加厉害，让父母更下不来台。

从心理学的角度而言，孩子哭泣是情绪的表达方式之一，很多父母看到孩子哭闹，第一时间就想阻止孩子，因为父母第一反应想到的就是自己的颜面，而没有考虑到孩子的情绪感受。很多父母总是一连声地告诉孩子"别哭了，别哭了"，却无奈地发现孩子非但没有停止哭声，反而哭得更加厉害。当孩子哭得久了，父母的情绪也会因此而变得焦虑紧张，脾气也会变得暴躁。从一开始哄孩子不要哭，到后来怒声训斥，到最后动起手来。面对年幼孩子无休止的哭泣，父母的耐心渐渐消耗殆尽。

孩子在降临人世的第一时间，就以哭泣宣告自己的到来。在此后的成长过程中，孩子从无意识地哭泣，到有意识地以哭泣表达自己的不满和情绪，对于哭的运用越来越娴熟。不同的父母对于孩子哭泣的态度截然不同，有的父母看到孩子哭泣很生气，更加严厉地惩罚孩子；有的父母为了第一时间哄孩子停止哭泣，会不由分说答应孩子的所有要求，满足孩子的一切需求。不得不说，这两种方法都是错误的。第一种方法下，孩子的心理需求得不到满足，会哭得更加严重。第二种方法下，孩子虽小，心眼却不少，他们在以哭声要挟父母得逞之后，未来会变本加厉，希望以哭泣满足自己的心愿和要求。

作为父母，我们既不要无视孩子的哭泣，因为孩子的哭泣总是有原因的；也不要过分看重孩子的哭泣，更不要为了让孩子停止哭泣而无条件妥协。很多父母认为孩子不断成长就会渐渐地不再哭泣，殊不知，这完全是痴心妄想。因为如果父母始终没有采取正确的态度面对孩子哭泣，那么，孩子越是长大，越是爱哭。这是因为负面情绪淤积在孩子心中，导致孩子渐渐变得性格压抑、内心消沉。

父母要知道，孩子再小，也有自己的思想，也会打起小算盘。尤其是当能力不足以满足自身的愿望时，孩子更习惯用眼泪攻略要挟父母。从这个角度而言，作为父母，我们理应洞察孩子哭闹背后的需求和要求，也要理性分析和判断这些需求和要求是否合理。对于孩子的合理需求，父母可以满足孩子，对于孩子的无理取闹，父母也要对孩子摆明态度。有的时候，孩子哭闹也并非为了满足自身的需求，而有可能是情绪压抑导致的。总而言之，父母要根据引起孩子哭闹的原因有的放矢地解决孩子的心理问题和情绪问题。

父母还要意识到，孩子还小，思虑不够周全，他们往往不会区分是在家里还是在家外，也难免因为哭闹导致父母陷入尴尬之中。对于孩子随时而来的情绪和哭闹，父母也要做好不同的预案，从而有的放矢地采取合适的策略对待孩子。如果是在私人的空间里，对于孩子的无理取闹，父母可以采取冷处理的方式，等到孩子发泄情绪之后渐渐恢复平静，父母再与孩子进行有效的沟通，从而解开孩子的心结。记住，冷处理不是对孩子不管不问，而是让孩子自主地恢复情绪稳定，再与孩子沟通，从而避免与情绪激动的孩子发生矛盾和争执。

父母要想友好地与孩子相处，就要了解孩子的心理状态，洞察孩子的内心，并熟悉孩子的情绪变化。唯有走入孩子的内心，并给予孩子尊重和理解，才能真正把孩子当成朋友对待，才能给予孩子健康快乐的童年时光。

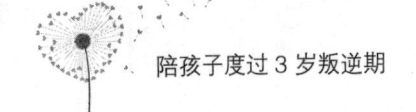

## 孩子为何总是求抱抱

很多父母都会发现，孩子在一岁前后学习走路的阶段，非常热衷于走路，也总是乐此不疲地走路，不叫苦，不叫累。但是，随着不断地成长，孩子到了两三岁前后，走路越来越熟练，体力也不断增强，反而变得不爱走路了，这是为什么呢？有些父母觉得孩子是因为懒惰，所以只要出家门，就拦在父母前面求抱抱。实际上，从心理学的角度而言，求抱抱是在对父母撒娇，是在向父母寻求爱和安全感。对于年幼的孩子，当他们发出求抱抱的讯号时，父母无论如何都没有办法拒绝，尤其是当孩子拦在父母面前，对父母张开双臂的时候。父母唯一的选择就是慷慨地抱起孩子。实际上，若孩子每次求抱抱都能得到满足，他们切实感受到父母的爱，也从父母那里得到感情上的满足，获得安全感，渐渐地，他们就不会再要父母抱。

有的时候，父母觉得疲惫，实在不想抱孩子，会在走出家门之前和孩子约法三章，要求孩子必须自己走。然而，才走出家门没几步，孩子就会故技重施，两只胳膊对着父母张开，小手张开着，眼睛里满含期待地看着父母。如果父母不理会他们，径直朝前走去，他们还会跟在父母身后追赶，直到再重复上面的动作。有些孩子比较机灵，还会抱住父母的大腿，甚至又展开眼泪攻略。毕竟孩子才三岁呢，父母往往不忍心继续狠心对待孩子，那便会抱怨孩子太懒惰，或者训斥孩子为什么不自己走，也还是会勉为其难抱起孩子。这时，孩子会张开胳膊环抱父母的脖子，对父母露出满足的笑容。如果父母知道孩子为何总是求抱抱，就会更加慷慨地满足孩子的要求。不要误以为孩子只是因为懒惰才大费周章向着父母求抱抱，更多的时候，他们只是想和父母亲近，感受在父母怀抱中的温暖和安全感。

对于孩子求抱抱的要求，如果父母生硬地拒绝，就会伤害孩子稚嫩的心灵。即使拒绝孩子，父母也要讲究方式方法。总而言之，父母一定不要误以为孩子是在偷懒，也不要以粗暴的方式拒绝孩子，导致孩子觉得父母不再爱他们。所谓凡事皆有度，过度犹不及，对于父母而言，一定要慎重对待孩子，也要关注孩子的心理需求和感情需求，这样才能始终以爱包容孩子，给孩子温暖安全的生活环境。

为了合理地拒绝孩子，父母可以采取转移注意力的方式。例如，设定一个参照物，要求孩子要独立走到参照物所在的地方，才能抱抱；也可以和孩子以参照物为目标，展开你追我赶的游戏，这样一则可以让孩子忘记走路的辛苦，沉浸在游戏的乐趣中，二则也可以激发孩子走路的兴趣，让孩子感受到自由行动的魅力。很多孩子因为觉得走路很乏味，所以不愿意走路，增加这样的游戏，正好可以让孩子改变对走路的感受。当然，到了预定地点之后，父母要遵守约定抱起孩子，这样孩子才可以在感情方面得到满足。

为了让路程变得饶有趣味，父母还可以利用一路看到的东西，与孩子攀谈，让孩子展开想象的翅膀，发现快乐。总而言之，愉快的时间总是过得飞快，枯燥的时间总是过得很慢，若父母想方设法把走路变成一件有趣的事情，孩子就会在不知不觉中爱上走路。

被孩子需要，是父母的幸福。即使现在抱着三岁的孩子觉得很重，也觉得很疲惫，父母也不妨更多地抱一抱孩子，以不让孩子形成依赖性求抱为限度。这样一来，既可以让孩子感受到父母怀抱里的温暖和爱，也可以帮助孩子建立安全感，还可以拉近亲子关系、增进亲子感情，何乐而不为呢？也许抱着抱着孩子就长大了，父母只能看着孩子的身影渐

行渐远，那时就会怀念如今可以抱起孩子在怀里的美好日子。

## 帮助孩子养成爱收拾的好习惯

每到周末，辛苦工作了一周的父母好不容易有时间在家里收拾收拾杂乱无章的家，却发下花费了半天甚至一天时间才收拾整齐的家，在破坏大王——孩子的强力作用下，只要十分钟就会重新恢复脏乱的情况。为何孩子的破坏力这么强呢？为何孩子不能养成好习惯，把用过的东西放回原处呢？这是让很多父母都感到苦恼的问题，父母们也在梦想着有朝一日孩子可以把房间收拾整齐，并且保持家里的干净卫生。

每一个有孩子的父母，都曾经因为孩子的超强破坏力而抓狂。最重要的在于，孩子随着不断地成长，并不满足于玩具给他们带来的快乐，他们就像一个小小探索者一样在家里四处走走看看，时不时地动手动脚，不知不觉间就把家里搞得天翻地覆、面目全非。面对这样的情况，父母要了解孩子的身心发展特点，也要认识到孩子并非故意这么做的。孩子只是不确定自己想要做什么，也不确定什么东西能够真正吸引他们的注意力，所以他们要在家里不停地寻找。除了这个原因之外，有些孩子之所以总是把家里弄得乱七八糟，是因为他们有太多的玩具，他们这山看着那山高，拿起这个玩具又觉得那个玩具好玩，因此挨个儿把玩具翻腾个遍，家里就会变成不折不扣的"垃圾场"。其实这不怪孩子，因为孩子的天性就是好奇，若父母给他们准备了太多的玩具，他们自然会在玩耍的过程中产生疑虑和犹豫，也会不停地尝试不同的玩具，从而把家里弄得乱七八糟、惨不忍睹。

## 第 02 章　没有无故的叛逆：每种行为背后都有动因

在三岁之前，孩子还很喜欢扔掉拿在手里的东西，以此来锻炼自己的手脑协调动作，也观察不同质地的东西落在地上的动静和声响。在此过程中，孩子感受到随心所欲支配自己肢体的自由，因而感到很有成就感。听到不同的东西掉落地上发生的动静，孩子的脸上会呈现出非常惊喜的表情，这一切都告诉父母们，孩子是故意扔掉东西的，而并非不小心。爱干净的妈妈为了保持家里的清洁卫生，不得不一直处于帮助孩子收拾玩具的状态。她们一边辛苦操劳，嘴巴里抱怨不休，一边手脚不停，拼尽全力去收拾。渐渐地，不但父母已经习惯于与孩子的这种相处模式，孩子也习惯了把家弄得乱七八糟然后等着父母去收拾。如此一来，孩子成为不折不扣的破坏大王，他们转眼之间就把家里弄得一团糟糕的本领也越来越强。

然而，父母不可能一直跟着孩子收拾，孩子也总有一天要离开父母身边独立生活。因此，学习如何收拾家，给自己一个干净整洁的环境，对孩子来说很重要。所以父母要有意识地引导孩子独立收拾玩具，也帮助孩子养成物归原处的好习惯。当然，三岁的孩子还不能把玩具完全收拾整齐，为此，父母可以从以下几个方面帮助孩子保持洁净。首先，父母要有选择地为孩子购买玩具，对于同类型的玩具，买最有代表性的即可，而无须让玩具泛滥成灾。其次，父母要提醒孩子每次只能拿一个玩具，等到玩过之后要把玩具放回原处，才能再拿另外一个玩具。再次，很多父母觉得孩子还小，不会收拾，所以从来不要求孩子收拾，其实孩子是有能力简单收拾的。作为父母，我们要给孩子机会收拾玩具。哪怕孩子收拾得不好，父母要在孩子收拾之后重新收拾，也依然要努力锻炼孩子。随着收拾玩具的次数越来越多，孩子收拾玩具的能力会不断地增强。最后，如果家里空间足够大，父母可以腾出专门的一个房间作为孩

子的游戏室。在游戏室里，孩子随便怎么玩都可以，但是不要把玩具拿到家里的其他空间，而且要让孩子负责保持游戏室的干净整洁。

作为父母，我们一定要让孩子尝试着收拾玩具，也要坚持这么去做。这很重要。如果父母为了一步到位而不让孩子收拾玩具，那么孩子就会变得越来越邋遢，根本想不起来收拾玩具，并对父母产生强烈的依赖心理。反之，若父母坚持让孩子收拾玩具，那么，孩子也许一开始做得不够好，需要父母帮助孩子再完善，但是随着收拾玩具的次数增多，孩子就会收拾得越来越好，也爱上干净整洁、赏心悦目的环境。一旦孩子养成收拾的好习惯，未来他们也会收拾自己的书包，收拾自己的房间，即使长大成人有了自己的家，他们也能保持家中的干净卫生。由此可见，帮助孩子养成好习惯，这很重要。在父母的坚持要求下，孩子会从被动收拾到主动收拾，也会从必须和父母合作收拾，到仅仅依靠自己的力量就能把一切收拾得干净清爽。能干的孩子绝非生而能干，有的时候父母可以适当偷懒，从而给孩子时间展示他们的能力。

## 孩子为何总是吃手

从婴儿期到幼儿阶段，有相当一部分孩子都很喜欢吃手。只要孩子吃手的行为在正常限度内，父母无须过分干涉孩子吃手。有很多父母一旦看到孩子吃手，就会强制要求孩子把手从嘴巴里拿出来，结果孩子吃手的情况非但没有得到改善，反而变本加厉。这是因为孩子都有逆反心理，越是被父母强烈反对的行为，他们越是热衷于去做。因此，父母要想管教孩子，一定要采取正确的方式，切勿激发起孩子的逆反心理，也要考虑到孩子的心理需求,而不要以简单粗暴的方式伤害孩子稚嫩的心灵。

三岁前后,孩子正在经历手口敏感期,为此他们会常常津津有味地吃手。有些孩子吃手的行为会持续到四岁甚至更久,这样的情况就有些反常,也不为父母所接受。有些父母因为担安心孩子有心理疾病,会带着年幼的孩子去看心理医生,想要通过心理干涉的方式缓解孩子吃手的情况。也有的父母想方设法阻止孩子吃手,却发现孩子吃手的行为越发严重,面对这样的事与愿违,父母感到非常无奈和焦虑。

父母不想让孩子吃手的原因多种多样,有的父母觉得孩子一直用手探索世界,手上布满细菌再塞入嘴巴里,不符合卫生要求;有的父母觉得其他孩子都不吃手,唯有自己家的孩子吃手,会让孩子显得很另类;还有的父母觉得孩子吃手是心理疾病,也不符合他们的年龄特征……总而言之,父母的担忧各种各样,而父母对孩子的期望则是一模一样,即都希望孩子不要再吃手。在父母焦虑的心态下,孩子吃手的行为越来越严重,这无形中加剧了父母的焦虑和紧张,乃至对孩子吃手的行为作出错误的判断。

实际上,父母完全没有必要因为孩子吃手而感到焦虑,因为孩子之所以吃手,只是因为他们感到很无聊。如果孩子手中正在做一件很重要的事情,或者正在做自己感兴趣的事情,他们就不会吃手。试问,作为父母,你们何曾看到孩子在吃美味的食物时还在吃手呢?因为他们的手要用来拿着食物,他们的嘴巴要用来品尝美味的食物。由此可见,父母要想彻底戒掉孩子吃手的坏习惯,就要给孩子找好事情做,让孩子的生活变得充实。

从心理学的角度而言,依赖心理很强的孩子,也会更喜欢吃手,

因为他们内心感到空虚，只能通过吃手来获得情感寄托。当孩子是因为依赖心理而吃手的时候，父母就要认真反思自己是否给予了孩子所有的爱、满足了孩子对于感情的需求。如果父母能够抽出更多的时间来陪伴孩子，给孩子讲故事，和孩子一起做游戏，孩子吃手的情况就会有所好转。

此外，父母还要注意到一点，那就是孩子进入肛欲期后也会出现吃手的情况。大概从两岁半开始，孩子括约肌开始发展，为此大脑开始控制括约肌。这意味着孩子此前的排泄行为是出于条件反射，此后的排泄行为则开始由孩子有意识地控制和进行。这个阶段，有一部分孩子会出现口唇的接触快感，甚至会出现尿裤子的情况，这都是因为孩子在探索控制和排泄给他们带来的愉悦感受。在此期间，有很多孩子都喜欢把手放到嘴巴里啃来啃去，有的时候，他们也会以其他东西来代替手。还有些孩子做出看似奇怪的举动，那就是先用手接触嘴唇，然后再用手接触生殖器，这样的行为在父母看来是很不卫生的，但实际上完全符合孩子在肛欲期的身心发展特点。因而不是孩子太奇怪和反常，而是父母不了解孩子的身心发展特点，所以误以为孩子出现异常状况。为了更加深入了解孩子的身心发展特点，父母要保持学习的好习惯，了解更多关于孩子身心发展的知识，这样才能洞察孩子各种"怪异"行为背后的心理原理。

作为父母，我们无须对于孩子的成长太过紧张，而要顺其自然，让孩子健康快乐地成长。父母越是紧张，越是容易误解孩子看似异常实则正常的行为，也会在陪伴孩子成长的过程中走入误区。为了保证孩子放入嘴巴里的手是干净的，父母可以督促孩子经常洗手，让孩子养成良好的卫生习惯，这样爱吃手的行为就不会影响孩子的健康成长。父母给孩子足够的爱与关注，让孩子得到父母的用心陪伴，也在和孩子一起游戏玩耍的过程中让孩子的双手有事情可以做，孩子渐渐地就不会再吃手。

## 这是我的，我的，我的

两岁之前，孩子很少会霸占某一件东西，这是因为他们的自我意识还没有萌芽和发展，所以他们与外界处于浑然一体的状态，他们是"无我"的。为此，有很多父母会夸赞年幼的孩子很大方，很乐于和其他小朋友分享。而到了两岁前后，孩子的自我意识开始萌芽和发展，他们对于自我的意识越来越强烈，也把自己和外界区分开来，为此他们进入"有我"的状态，也对于物权归属有了一定的意识。这个阶段，父母很惊讶地发现孩子变得"小气"了，偶尔有小朋友要分享他们的玩具或者食物，他们马上小胳膊一圈，把玩具和食物都占为己有。甚至，当爸爸妈妈无意间表现出对其他小朋友的友好、抱起其他小朋友时，他们也会马上跑到爸爸妈妈面前，霸占爸爸妈妈。孩子这是怎么了？

这不是孩子变得小气，而是因为在这个阶段，孩子的哲学就是："这是我的，我的，我的！"他们以此作为人生信条，进入物权意识敏感期，对于属于自己的东西进行霸占，对于属于他人的东西也会出现霸占的行为。原来，他们现阶段还只能区分属于自己的东西，而没有树立有些东西属于他人的意识。为此，孩子不但变得"小气"，而且非常"自私"，这让父母对孩子的哲学感到啼笑皆非。有的时候，孩子不由分说霸占别人的东西，也会让父母很尴尬。其实，这没有关系，因为每个孩子在成长过程中都会经历这个阶段，只不过有些父母不知道物权意

识敏感期，只是简单地以"小气"就概括了孩子这个阶段的成长而已。明智的父母会借助这个阶段对孩子展开引导，从而让孩子可以更加准确明晰地判断自己与周围事物之间的关系。

这个时期持续的时间很短，对于孩子的成长却影响深远。孩子要先霸占某个物体，才能形成物权意识，接下来的时间里，他们才能把属于自己的东西慷慨地与他人分享。在此之前，父母不能简单地指责孩子"小气"，否则会对孩子产生误导，也会让孩子感到困惑：这个东西到底是不是属于我的呢？因此，面对这个阶段的孩子，父母不要强求他们分享，而应在他们霸占属于自己的东西时告诉他们这个东西的确属于他们，这样他们才能感到心安。假如父母错过了孩子这个至关重要的成长阶段，没有给予孩子正确的引导，导致孩子在物权归属方面缺乏概念和意识，那么孩子长大之后也许就会把自己的东西随便赠送给他人，或是漫不经心地把属于他人的东西据为己有。可想而知，这将会给孩子带来巨大的困扰，也会使孩子陷入不可预期的麻烦之中。

在物权意识敏感期，当孩子出现看似自私的行为、不愿意分享时，父母一定要知道孩子这种行为背后的心理原因，而不要不由分说就强迫孩子分享，更不要因为孩子"小气"就对孩子大发雷霆。当孩子说出"这是我的"时，父母一定要慎重对待，而不要出于捉弄孩子的心理逗弄孩子，甚至强调某个东西不属于孩子。看着属于自己的东西被抢走，没有人喜欢这样的感受。当孩子确定哪些东西是自己的时，父母再引导孩子和其他小朋友分享，也在分享其他小朋友的玩具时对其他小朋友满怀感恩，坚持这么去做，渐渐地，孩子就会乐于分享，也会因此而与小朋友建立良好的关系。

现实生活中，有一种特别常见的现象不利于帮助孩子养成分享的好

习惯，对此，父母一定要注意——年幼的孩子在最初形成分享意识的时候，会很乐于拿自己的东西与父母分享。当孩子拿着自己喜欢吃的食物送给父母时，父母一定要欣然接受。有些父母会故意逗弄孩子，先是向孩子索要食物，等到孩子分享时，又哈哈大笑着拒绝，这会让孩子形成错误的意识：我可以分享，但是只是假装分享，父母不能真的接受。可想而知，这样的错误意识会让孩子陷入多么尴尬的困惑之中。对于孩子的分享行为，父母无须过分夸赞，否则孩子就会觉得分享是了不起的伟大行为。实际上，分享是自然而然的行为，是孩子理所当然做出的。父母的适当反应，能让孩子认为分享理所当然，从而更加乐于分享。

## 孩子为何喜欢撒谎

一直以来，撒谎都被视为道德品质恶劣的代表行为之一，为此很多父母都对孩子的撒谎行为深恶痛绝。然而，孩子在三岁前后会自然出现撒谎的情况，但是这只是父母认为孩子在撒谎，而不是孩子真正有意识地撒谎。在三岁前后，孩子的想象力开始发展，为此他们常常分不清楚想象和现实，也会在现实与想象的混乱状态中把自己想象中的事情说出来。如果父母不了解孩子这个阶段的身心发展特点，就会误以为孩子在撒谎，其实这完全冤枉孩子了。

除了想象驱使下的谎言之外，孩子也会因为趋利避害而故意扭曲事实，让事实符合自己的利益需求。这样的谎言是可爱的谎言，尽管不能改变撒谎的本质，却是孩子出于单纯的利己主义做出来的行为，是可以谅解和宽容的。因此，对于孩子喜欢撒谎的情况，父母无须过分紧张。

曾经有心理学家经过研究发现，成年人每天都要撒谎若干次，而之所以很多成人自我标榜从来不撒谎，只是因为他们没有意识到自己在撒谎而已。

爸爸从外地出差回来，给依依带来很多美味的糖果。妈妈担心依依会把牙齿吃坏，为此规定依依每天只能吃一粒糖果。对此，依依和妈妈达成一致，答应遵守妈妈的要求。然而，当天依依就吃了三颗糖果。看着依依的小嘴巴被糖果塞得满满的，舌头都不会动了，妈妈不动声色，一直等到依依吃完糖果，才问依依："依依，妈妈规定你每天只能吃几颗糖果？"依依不置可否："一颗。"妈妈又问："那么，你刚才吃了几颗糖果？"依依瞪着大眼睛无辜地看着妈妈，理直气壮地回答："一颗。"对于依依的回答，妈妈简直无语。

妈妈很确定依依吃了三颗糖果，但是如何才能教育依依不要撒谎呢？妈妈当然知道轻易给孩子贴上撒谎的标签对于孩子的成长不利，为此，她没有忙于批评依依，而是准备和爸爸商讨一番，研究出最合理的应对方案。

依依为什么撒谎呢？显然，已经三岁的她很清楚什么是一、什么是三，但是糖果对于孩子的诱惑力实在太大了，为了满足自己对于甜蜜的需求，依依才置妈妈的要求于不顾，在亲口答应妈妈的要求之后，又理直气壮吃了三颗糖果。

不可否认，孩子的确是会撒谎的，但是他们撒谎不是为了伤害他人，而是为了满足自己的需求。孩子的撒谎无关道德，这是简单纯粹的利己主义。从道德的角度来看，年幼的孩子还没有道德观念，他们不知道撒谎是很严重的、不被允许的行为。为此，他们理直气壮地撒谎，理直气壮地满足自身的需求。当然，随着渐渐成长，孩子如果继续撒谎，

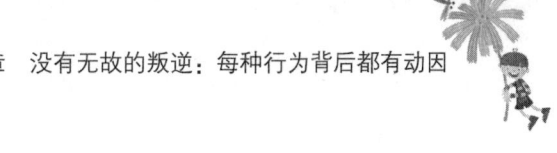

就会把撒谎变成习惯,为此,面对一个无意识撒谎的孩子,父母还是要对孩子展开正确的引导和帮助。

首先,不要总是告诉孩子"好孩子不应该撒谎"。孩子理解问题的方式很奇怪,他们往往无法记住否定的话,也就是说,他们会忽略"不应该"三个字,而对于"撒谎"二字印象深刻。为此,若父母不停地对孩子强调"好孩子不应该撒谎",非但无法起到警戒孩子的作用,反而会导致孩子撒谎的行为越发严重。其次,父母要尽量减少孩子撒谎的机会,例如,满足孩子的需求,给孩子民主和谐的氛围,让孩子敢于表达自己的真实心声。细心的父母会发现,在严厉的家庭氛围中,孩子更容易养成撒谎的坏习惯,因为他们要以撒谎的方式维护自己的利益,也逃避自己的责任。反之,在一个民主和谐的家庭里,孩子有什么问题都可以和父母坦诚相见,他们自然也就没有必要撒谎。若孩子养成撒谎的坏习惯,就很难改掉;若孩子习惯于对身边的人真诚坦率,他们就不会轻易撒谎。最后,当父母发现孩子在以撒谎掩盖事实真相的时候,不要因为孩子撒谎就对孩子声色俱厉,甚至嘲笑挖苦和讽刺孩子、侮辱孩子的人格。这样过度极端的行为,只会伤害孩子的自尊心,让孩子自暴自弃;相反,父母应该更加尊重孩子,真诚对待孩子,以友善和平等叩开孩子的心扉,走入孩子的心灵深处。

总而言之,父母要区分年幼的孩子为何撒谎,也要采取适当的方式面对和处理孩子的谎言。父母唯有保持理性,尊重和平等对待孩子,才能赢得孩子同样真诚和友善的对待,才能在教养孩子的过程中帮助孩子形成诚实守信的优秀品质。

## 进入诅咒敏感期的孩子

对于孩子说出来的话，父母常常以童言无忌作为概括和总结，因而也就原谅孩子总是不留情地揭示真相，甚至包容孩子言语刻薄。其实，孩子正处于语言发展敏感期，在三岁前后形成的语言习惯，将会影响孩子的一生。为此，父母要引导孩子形成逻辑思维，并使他们能够理性地表达自己的想法和意志。

让父母感到崩溃的是，三岁前后，孩子会突然蹦出脏话，这些脏话甚至不堪入耳，让父母想不通孩子是从哪里学会这些脏话，并学会恶狠狠地诅咒他人的。如果不知道孩子已经进入诅咒敏感期，父母一定会误以为孩子的品质恶劣。而实际上，三岁前后，孩子正处于诅咒敏感期，他们通过他人的语言学会说脏话、狠话，也在说的过程中观察他人的反应，从而意识到脏话、狠话具有很强大的力量。这样的发现让他们更加热衷于说脏话、狠话，也给父母带来了很大的困扰。

要想帮助孩子改变说脏话、狠话的现象，父母就要找到孩子模仿的根源。有的孩子是因为听到家里的老人说脏话，也跟着学会了；有的孩子是受到身边小伙伴的影响，马上就开始出口成脏。了解其中的原因之后，父母才可以有的放矢地净化孩子生存的语言环境，从而有效地帮助孩子净化语言。

三岁大小的孩子，根本不知道那些脏话、狠话代表什么意思，他们之所以热衷于说，是因为感受到他人在听到这些话时的强烈反应。从这个角度来说，父母要想让孩子渐渐遗忘脏话、狠话，就不要对此作出过激的反应，假装没听见，面无表情，也不作出语言方面的回应，就是最好的应对方式。当孩子发现说脏话、狠话再也无法收到强烈的效果时，他当然也就不愿意白费力气去说。

孩子小时候生存的环境很简单，随着不断地成长，他们的生存环境越来越复杂，父母可以净化家庭环境，却无法控制孩子在社会生活中的环境。为此，父母也可以以循序渐进的方式给孩子讲道理，告诉孩子说脏话是错误的，这样孩子就会有意识地控制自己，不再出口成脏。三岁之后，孩子的理解能力增强，自我意识也不断增强，他们再说脏话，就会从无意识转化为有意识，也会根据不同的对象去说脏话，以此发泄自己的情绪。面对这个阶段的孩子，父母可以引导孩子以其他方式表达愤怒，从而把孩子的注意力从脏话上转移走，让孩子采取正确方式表达情绪、表达愤怒。

很多父母在处理孩子说脏话行为时，采取以暴制暴的态度，简单粗暴地纠正孩子，却导致事与愿违。从孩子身心发展的特点来看，父母必须采取理性的态度，智慧地解决问题，才能收到更好的效果。对于有意识说脏话的孩子，提升孩子的自控力很重要，大多数人在愤怒的情况下都会失去理智，孩子也是如此，父母要引导孩子控制情绪，才能有效改善孩子说脏话的情况。

还有一种情况是父母特别需要注意的，即有些孩子之所以说脏话、调皮捣蛋，只是为了吸引父母的注意。在这种情况下，父母要反思自己是否忽视了孩子，有没有给予孩子足够的爱，进而改变对待孩子的态度和方式，更多地关注孩子的心理健康和情感方面的需求，及时满足孩子，从而改善孩子的情绪状态，让孩子以更友好的方式与父母相处。

# 第03章
## 孩子的叛逆和父母有关：
## 父母的养育方式很关键

　　三岁的孩子还小，的确听不懂太多的道理，因而父母不要采取说教的方式教育孩子，而应该采取孩子能够接受的方式引导孩子，这样才能有效改善孩子叛逆的心理状态，也让孩子在愉悦的家庭氛围中成长。当发现孩子过于叛逆时，父母不要一味地指责孩子，而应该主动反思自身，反省自己的教育方式是否恰当，这样才能发现导致孩子叛逆的根本原因所在，才能有的放矢地解决问题。

## 孩子是父母的镜子

有人说,父母是孩子的第一任老师,也是孩子最好的榜样,这样的说法很有道理。因为孩子从呱呱坠地开始就在父母的照顾下成长,每天与父母朝夕相处、亲密接触,在潜移默化中,孩子必然受到父母的影响,在言行举止方面也会变得越来越像父母。因此,也有人说孩子是父母的镜子。所以,当父母看到孩子身上的问题时,第一反应不应该是改变孩子、擦拭镜子,而应该是反思自身,这样才能从根源上解决孩子身上折射出来的属于父母的问题。也有人说,孩子就是父母的复印件,那么,复印件出现问题,应该从哪里寻找原因呢?毫无疑问,当然是从原件上寻找原因,因为如果原件不出错,复印件是不可能出错的。所以,父母要想教育好孩子,就要时时反省自己,给孩子树立最好的榜样。

不可否认,孩子的模仿能力是特别强的,尤其是在三岁之前,孩子对于外部世界充满好奇,也始终在坚持探索。除了探索自身的奥秘之外,他们还会探索外部世界,也洞察身边的人和事物。这样一来,父母自然成为孩子最好的模仿对象。如果父母都是正人君子,孩子自然也不会差;如果父母品行恶劣,则孩子在长期的影响之中难免沾染上父母的恶劣品质。因此,父母在对孩子的成长提出要求之前,要先对自己

## 第03章 孩子的叛逆和父母有关：父母的养育方式很关键

提出要求，这样才能给予孩子最佳的榜样作用，才能给予孩子正向积极的影响。

甜甜是个很有礼貌的孩子，每次见到父母的同事，她都会主动地打招呼——"叔叔好""阿姨好"，小嘴巴特别甜，也赢得了他人的喜爱。有一个周末，妈妈要加班，甜甜不能去幼儿园，只好和妈妈一起去上班。在班上，甜甜得到了妈妈很多同事的夸赞，有个年长的同事说："孩子真是父母的翻版，妈妈平日里就很懂得礼貌，也尊重他人，孩子这么小就表现得很有礼貌。"这位同事一语惊醒梦中人，其他同事突然开始七嘴八舌地说起单位里另一个同事家的孩子。那个孩子是男孩，虽然淘气是男孩的本性，但是那个孩子特别不懂礼貌。有的时候，善意的同事给他吃的，他拿了就开始吃，连句谢谢都不说。偶尔和妈妈来上班，也是人人讨厌的孩子，因为他总是大声喧哗，看起来很没有教养的样子。

孩子是父母的翻版，父母的言行举止和为人品质，在孩子身上都会有不同程度的体现。正因为如此，才有很多心理学家再三强调家庭环境的重要性，其实家庭环境就是由父母给孩子提供的。为此，要想让孩子出了家门给父母脸上增光，父母就要经常反思自身的言行举止，也要以强大的自律力来约束自身的言行，这样才能让孩子有样学样，在潜移默化中形成优秀的品质。

在孩童时期，孩子的学习能力、模仿能力都是非常强大的。很多人认为孩子应该顺应自然地成长，的确，父母要遵从孩子的天性，但这只是说父母不要给予孩子负面的影响和干涉。作为父母，我们要发挥强大的影响力，给予孩子积极正向的力量，让孩子在成长过程中朝着好的方向发展，也获得生命的力量。细心的父母会发现，温文尔雅的父母往往

教养出彬彬有礼的孩子，脾气暴躁的父母往往教养出性格急躁的孩子，而理性睿智的父母则会帮助孩子形成良好的逻辑思维能力，让孩子始终都能以理性解决问题。总而言之，当看到镜子里的孩子有不够完美的地方时，父母要积极地反思自己，主动地提升和完善自己，这样才能让孩子更加茁壮地成长。

## 父母的叛逆期也来了

如今，很多年轻的父母都非常注重对孩子的教育，因而也能够通过学习掌握更多的育儿知识，给予孩子更好的指引和帮助。在儿童心理学的指导下，大多数父母都知道孩子在成长过程中要经历三个叛逆期，也知道孩子的第一个叛逆期出现在两岁到三岁，然而，他们并不知道，不仅孩子有叛逆期，父母也是有叛逆期的。

若看到年幼的孩子不愿意听从父母的安排，总是处处都和父母对着干，表现出不服从父母管教的行为，父母就会认为孩子到了叛逆期。凭着本能，父母对孩子或者声色俱厉，或者温言细语，或者在束手无策之际向教育专家请教，结果都无法让孩子改变叛逆的状态，重新变得听话起来。尽管意识到孩子在成长过程中必然要经历叛逆期，父母对于孩子的叛逆还是非常反感和抵触。不得不说，几乎所有的父母都渴望着拥有一个乖巧懂事和听话的孩子，也梦想着孩子始终对父母言听计从。当然，这样的理想是不可能实现的，因为孩子的天性如此，无法顺应父母的愿望发生改变。

仅从父母的角度而言，当孩子的成长表现与父母的期望之间出现巨

## 第03章　孩子的叛逆和父母有关：父母的养育方式很关键

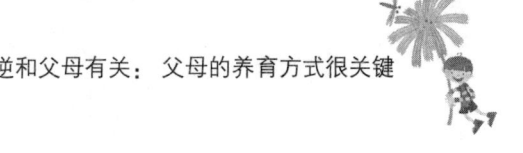

大的差异时，父母想要改变孩子也无可厚非。但是从孩子成长的角度来看，孩子成长有自身的规律和节奏，他们成长的脚步不以任何人的意志为转移，为此，父母强行想要改变孩子是错误的。当父母无奈地面对叛逆的孩子，又对改变孩子束手无策时，不妨想一想，孩子为何会这么叛逆，孩子的叛逆到底是从哪里得来的呢？也许，只有找到这些问题的答案，父母才能有的放矢地解决孩子叛逆的问题。

依依三岁，非常叛逆。到了夏天，依依很怕热，尽管屋子里开着空调，但是妈妈担心依依着凉，总是把空调温度调整到二十七度小风。为此，依依总是不愿意穿着睡衣，而是要脱掉睡衣、光着上身，只穿着一个小裤衩在屋子里跑来跑去。晚上睡觉的时候，妈妈给依依盖上被子，依依马上就踢开。即使睡着了，妈妈给依依盖上被子，依依也会三脚两脚就踢开。有一天晚上，依依睡得深沉，没有踢开被子，妈妈半夜去摸依依，才发现依依满头大汗。妈妈赶紧拿出干燥的毛巾给依依擦汗，后来把空调调整到二十六度小风，依依才不踢被子；白天的时候，她也乖乖地穿着睡衣。原来，依依是觉得太热。

到了冬天，妈妈还是怕依依着凉，也知道依依喜欢踢被子，就给依依准备了睡袋。在睡袋里，依依翻来覆去根本睡不着，为此，她总是趁着妈妈不注意爬出睡袋，四仰八叉地睡在宽松的被子里。妈妈很生气，总是训斥依依："你这个丫头真是叛逆，总是要故意和我作对呀！"有一天夜里，妈妈觉得暖气的温度很高，摸了摸依依的后背，这才发现依依的后背上都是汗，而且，因为潮湿，睡袋黏糊在依依的身上，难受极了。

妈妈这才意识到，原来不是依依叛逆，而是妈妈太叛逆。

很多年轻的妈妈没有带养孩子的经验，总是把自己认为好的一股脑

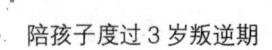

儿地给孩子，而丝毫不管孩子是否需要这样的照顾。例如，有的妈妈强迫孩子多穿衣服，把孩子捂得上火，或因为冒汗又着凉，所以就总是扁桃体发炎。还有的妈妈强迫孩子吃菠菜，却不管菠菜很涩口，坚持告诉孩子菠菜有营养，用各种方式把菠菜加入孩子的饭菜里，导致孩子连其他饭菜都不愿意吃了。这样的妈妈都忽略了孩子的本心，而是一味地以自己的方式对孩子好，殊不知，孩子根本不需要这样的好，这样的好也完全不符合孩子的需求。

　　明智的妈妈知道，孩子再小，也是独立的生命个体，也有自己的想法。因此，妈妈尽管担负着照顾孩子的重任，却不要把孩子当成自己的附属品或者私有物、全权代替孩子去安排很多事情，而完全忽略孩子的需求和情绪感受。只有尊重孩子的妈妈，才能关注孩子的需求，才能最大限度满足孩子的需求，保证孩子健康快乐成长。

## 溺爱，是对孩子最大的害

　　孩子的行为是需要边界的，这样孩子才能明确地知道自己可以做哪些事情、不能做哪些事情。然而，孩子并非生而就知道行为的边界，正是父母的管教，才让他们明确行为边界。所以父母对于孩子的管教很重要。明智的父母会以恰当的方式管教孩子，而糊涂的父母则给予孩子糊涂的溺爱，导致孩子的行为失去边界，也由此使得孩子陷入危险的行为之中。

　　父母还需要注意的是，孩子很容易陷入得寸进尺的怪圈，若他们的不当行为得到父母的允许，他们内心对于自己的要求和限制就会放松，

## 第03章 孩子的叛逆和父母有关：父母的养育方式很关键

由此也导致他们的行为更加肆无忌惮。很多父母误以为孩子小，就对孩子非常放纵，殊不知，如果不在孩子小时候给孩子制订规矩，等到孩子渐渐成长，他们就会失去规矩意识，更不会主动地遵守规矩。

现代社会，很多家庭里都只有一个孩子，甚至孩子的爸爸妈妈也是独生子女。由此，诞生了独特的"4-2-1"家庭结构，导致孩子集万千宠爱于一身。不但爸爸妈妈把所有的爱都投注到孩子身上，爷爷奶奶、姥姥姥爷也完全无私地爱着孩子。在他们眼中，孩子不管说什么做什么都是对的，他们对于孩子彻底失去原则，也在不知不觉之间就纵容了孩子的错误行为。

天气热了，妈妈买了一大箱子汽水回家，放到冰箱里冰镇起来。原本，妈妈以为依依肯定不爱喝汽水，因为汽水有气，而且喝到嘴巴里辣辣的。没想到，依依自从在妈妈喝汽水的时候品尝一口之后，就爱上了喝汽水。

有一天早晨，才起床，依依就自己打开冰箱拿出一罐冰汽水。依依还没吃饭呢，就哭闹着让妈妈打开汽水。妈妈拗不过依依，就把汽水打开了。结果，依依空着肚子喝掉一整罐冰汽水，连早饭都没有肚子吃了。中午的时候，妈妈已经把午饭做好摆放在桌子上，依依却不吃，还是要喝汽水。妈妈不想和依依纠缠，就答应了依依的请求。结果，依依又喝掉半罐子汽水，午饭只吃了很少。下午，依依接二连三又打开好几罐汽水，妈妈不以为然，看到依依撒娇或者哭泣，就答应依依的请求。最终，依依不但没有吃晚饭，还叫嚷着肚子疼。

妈妈带着依依去医院，得知依依喝了那么多冰镇汽水，医生责怪妈妈："这么大的孩子懂什么呀，难道你不知道没吃饭喝这么多冰汽水伤胃吗？你这个家长，真是毫无原则。"回到家里，妈妈赶紧把汽水藏起

来,等到依依再要喝汽水,妈妈很严肃地告诉依依:"小朋友不能喝汽水,会肚子疼。"不管依依怎么哭闹,妈妈都坚持告诉依依这句话,果然,哭闹几次之后,依依知道妈妈不会妥协,也就放弃要喝汽水的想法了。

孩子是很敏感的,当他们发现不管自己提出什么要求都会被满足时,他们的胃口就会越来越大,欲望也会越来越强。作为父母,我们千万不要溺爱孩子,否则就会让孩子失去行为的边界,导致孩子做出更多变本加厉的行为。

父母爱孩子毋庸置疑,但是一味地溺爱则会害了孩子。父母对于孩子,要做到恩威并施,宽严适度,才能在该严格的时候严格管教孩子,该放松的时候轻松对待孩子,这样孩子也会知道自己可以做什么事情、不能做什么事情,明确行为的边界,在成长中有更好的表现。

## 强权威力损害亲子关系

孩子的出生,让整个家庭结构都发生了改变,爸爸妈妈的地位突然升级,变成了家里的权威人物。感受着孩子对于父母的依赖,爸爸妈妈虽然照顾孩子很辛苦,内心深处却是充满欣喜,孕育并抚养一个小生命不断地成长,这是多么神奇而又伟大的事情。如今,很多年轻人思想观念都很先进,在准备成为爸爸妈妈之前,他们就未雨绸缪、开始学习。因此,在自以为准备充分之后,他们全身心投入到抚养孩子成长的艰巨工作之中,却在真正实际操作的过程中备受打击和挫折:一切怎么和育儿专家说的不一样呢?孩子怎么完全不受指挥啊?为此,原本打定主意

## 第03章 孩子的叛逆和父母有关：父母的养育方式很关键

要和颜悦色对待孩子的他们，在孩子的叛逆之中渐渐失去耐心，忍不住对孩子声色俱厉起来。

的确，和很多科学的教养方法相比，似乎简单粗暴才是最有效的，效果也是立竿见影的。为此，年轻的爸爸妈妈情不自禁地摆出一副高高在上的样子对待孩子，不知不觉间就把和颜悦色对待孩子的准则抛之脑后，而对孩子恶言恶语相向。不得不说，传统的长幼有序思想对于父母的影响还是很大的，当父母意识到要在孩子面前树立威严时，未免就会对孩子变得更加严肃，常常居高临下地教导孩子，而对孩子少了悉心陪伴。在这样严厉的家庭环境中，孩子很容易受到压抑，渐渐地，他们的性格或者变得怯懦，或者因为长期压抑而处于随时都有可能爆发的状态。

还有些父母非常教条，盲目迷信育儿专家的理论，而忽略孩子现实的情况，他们一味把专家的理论照搬过来用在孩子身上，而根本不管不顾孩子的情绪感受。殊不知，孩子虽然因着父母来到这个世界上，但并非父母的附属品，也不是父母的私有物，而是独立的生命个体，有自己的思想意识，也有自己的主见和观点。尤其是随着渐渐成长，孩子的自我意识越来越强烈，他们当然不愿意再对父母言听计从。作为父母，我们也要跟随孩子成长的脚步与时俱进，这样才能适应孩子的身心发展状态，给予孩子最好的教育和陪伴。

很多父母在管教孩子的过程中都陷入一个误区，即觉得父母要靠着声色俱厉来形成对孩子的震慑力，维持对孩子的威严。其实并非如此。首先，父母要先提升自我，让自己变得更加接近于完美，并得到孩子的信服，才能在孩子心目中有威严的形象。其次，父母要跟随孩子成长的脚步与时俱进，而不要觉得孩子始终都像刚刚出生那样依赖父母。

随着不断地成长，孩子的自我意识越来越强，独立意识也更加强烈，如果父母继续用威严压制孩子，则会伤害孩子的自尊心，也会失去孩子的信任，导致孩子对父母关闭心扉。最后，父母的威严不是假大空装装样子而已，而是要在生活中为孩子树立良好的榜样，并给予孩子积极的力量，更要做好每一件小事，给孩子以鼓舞，这样才能在孩子心目中拥有良好的形象。孩子的眼睛是雪亮的，他们的模仿能力也很强，如果父母只是对孩子提出要求，而自己完全无法按照要求去做，就会在孩子心目中失去威严和影响力。

记住，父母不是纸老虎，哪怕面对三岁的孩子，也不要妄想仅凭着吓唬孩子就能树立权威。所谓身教大于言传，父母与其费劲唇舌给孩子讲各种大道理，不如努力做好细节方面的事情，真正令孩子信服，并以实际行动引导孩子，这样才能成为孩子心目中有威严的慈爱父母。

## 教养方式对了，孩子更强大

为了避免孩子受到伤害，很多父母总是对孩子寸步不离地管教，日常生活中，什么事情都不让孩子做，生怕孩子磕碰到。其实，这样的全方位保护虽然可以避免孩子受伤，却会让孩子渐渐变得胆怯和退缩。若孩子习惯于接受父母这样的照顾，在做很多事情的时候，他们就会胆小如鼠，甚至因为惧怕失败，还没有开始尝试就彻底放弃。面对这样缺乏勇气的孩子，父母真的觉得教育是成功的吗？

很多父母认为，年幼的孩子即使有些胆小也没关系，随着渐渐长大，他们就会变得胆大起来。殊不知，三岁看大，孩子从出生到三岁形

## 第03章 孩子的叛逆和父母有关：父母的养育方式很关键

成的性格，会对他们的一生都产生重要的影响。如果孩子三岁前后表现出胆小怯懦的模样，那么，即使长大成人，他们也未必会变得勇敢无畏。所以，明智的父母在保证孩子安全的情况下，会鼓励孩子进行一些危险的尝试，只有在不断尝试、突破和挑战自我的过程中，孩子才能变得越来越勇敢，才会成为人生的强者。

丁丁三岁了，和大多数三岁男孩表现出的勇敢莽撞相比，丁丁表现出不符合年龄特点的稳重和胆怯。丁丁害怕很多东西，如怕黑，怕虫子，怕跑跳，怕离开妈妈……有的时候，看着畏畏缩缩的丁丁，妈妈感到很苦恼，但是看到丁丁始终很安全，妈妈又劝说自己：胆小一些也比受到伤害强。就这样，丁丁越来越怯懦。有一次，幼儿园里举行安全儿歌比赛，丁丁明明会唱《小兔乖乖》，但就是不敢上台唱。妈妈这才意识到，丁丁的胆小也许会影响他的成长。

丁丁为何这么胆小呢？其实，初生牛犊不怕虎，孩子原本是没有这么多顾虑和担忧的，他们之所以害怕很多东西，是因为父母在管教他们的过程中给他们灌输了错误的思想，让他们误以为外部世界遍布危险，因此他们变得畏手畏脚，不敢面对外部世界，也不敢迈出脚步去探索外部世界。

为了有效改善孩子胆小的情况，首先，父母要有意识地对孩子放手，不要总是约束和限制孩子，也不要总是给予孩子错误的引导，让孩子误以为自己的周围充满危险。其次，当孩子不小心接触危险的东西或者进行危险的尝试时，父母不要怒不可遏地训斥孩子，否则，孩子尽管安全无虞，未来却会因为担心惹怒父母而束手束脚，不能放开手脚去尝试，乃至变得谨小慎微。作为父母，我们要勇敢地对孩子放手，更要知道孩子终有一天要摆脱父母无微不至的照顾独立面对这个世界。所以，父母在抚养孩子成长的过程中要放松心情，不要过于紧张和担忧，否则这种情绪也会传递给孩子，导致孩子很怯懦。有些父母总是羡慕别人家的孩子很大胆，也很独立，殊不知，这样的孩子都是从小接受了独立的训练才会变得如此自信从容。要想让自家孩子也变得独立自信，就要从信任和放手孩子开始做起哦！

## 真正尊重和平等对待孩子

很多父母都打着为孩子好的旗号以自己的方式霸道地爱着孩子，却不知道他们的爱已经在不知不觉间成为孩子的束缚和禁锢，导致孩子变得苦恼，无法无忧无虑地快乐成长。难道不是每个父母都无私地爱着孩子吗？为何会出现这样的情况呢？不得不说，父母对孩子的爱的确是无私的，但是父母爱孩子的方式往往是自私的。太多的父母坚持以自己的方式对待孩子，而从未认真想过孩子需要怎样的爱、想要得到怎样的对待。正是这样固执的误解，导致父母与孩子的相处频繁出现问题，也使亲子关系变得越来越晦涩。

很多父母在对待孩子时都没有一刻忘记自己是"父母"，因而就难免会高高在上，对孩子做出一副颐指气使的样子。在爱孩子的过程中，父母的爱是无私的，却以自私的方式呈现。尤其是在孩子进入学龄阶段后，父母每天所思所想就是如何更有效地管教孩子，督促孩子努力认真地学习，而从未想过如何更好地爱孩子，给予孩子他们期望得到的爱。所以说，父母对孩子的爱既无私，也自私，正是这样矛盾的状态，才使亲子关系也变得很复杂和微妙。

## 第03章 孩子的叛逆和父母有关：父母的养育方式很关键

每当孩子放学回到家里，父母第一句话问的就是"作业写完没有"，他们不曾关心孩子这一天在学校里是否开心、是否结交了新朋友。父母最关心的问题，恰恰是孩子反感的问题；父母最无视的问题，恰恰是孩子最在乎的。在这样的状态之下，父母与孩子之间产生误解，也就在所难免。从某种意义上而言，父母是亲子关系的主导者，要想经营好亲子关系，父母就要调整好心态，改变关心和爱护孩子的角度。

很多父母误以为，三岁的孩子还没有那么敏感，不会指责父母总是从自身角度出发考虑问题。的确，三岁的孩子逻辑思维能力有限，无法评价父母的爱，但是他们可以敏锐地感知到父母的爱。他们当然知道谁在真正爱自己、谁在一直管教自己。如果把一个高高在上的父母与孩子相处的情形，和一个亲近孩子、把孩子当成朋友的父母与孩子相处的情形进行比较，我们就会从孩子脸上找到答案，也知道孩子更喜欢与怎样的父母相处。

作为父母，不管面对多大的孩子，我们一定要放下自我，怀着赤子之心去面对孩子。父母是这个世界上最伟大的职业，然而，每一个父母在上岗之前，都没有接受过相关的培训。因此，要想当好父母，必须全身心投入、全力以赴，且必须密切关注孩子的成长状态，这样才能及时觉察孩子的心理表现和情绪变化。若父母总是高高在上，他们根本无法体察孩子的情绪。唯有设身处地为孩子着想，一切都从孩子的需要出发，且在心灵上贴近孩子，父母才能真正放下自我，与孩子真正友好地相处，并建立和谐融洽的亲子关系，增进亲子感情。这样的要求说出来很容易，真正做到却很难。

当孩子不小心犯错误时，父母往往会在第一时间指责孩子，而完全没有静下心来询问孩子到底为何犯错误，也没有用心感受孩子做出相应

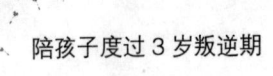

言行举止的心情。不得不说，这样的不由分说、不分青红皂白，一定会使孩子稚嫩的心灵受到伤害。要做好父母，就要静下心来，蹲下来从孩子的视角看世界，怀着赤子之心了解孩子的所思所想，也要戒骄戒躁，洞察不易察觉的情况，从而做到真正尊重和平等对待孩子，也打开孩子的心扉，走入孩子的心灵深处。

# 第04章
## 用爱和关怀建立安全感：
## 帮助孩子平稳度过第一个叛逆期

孩子越是缺乏安全感，越会表现得叛逆，越会对身边的人和事情充满质疑。要想帮助孩子平稳度过叛逆期，最重要的在于用爱和关怀帮助孩子建立安全感，这样孩子才能内心平静、情绪稳定，才能安然顺利地度过叛逆期，获得成长。作为父母，对于正处于宝宝叛逆期的孩子，要有温和坚定的态度，这样才能循序渐进地帮助孩子形成规则意识，并养成遵守规则的好习惯，让孩子内心平静愉悦地迎接成长。

## 妈妈的爱是无私的

妈妈是孩子的第一任老师,不仅教会孩子很多生存的技能,也教会孩子如何爱与被爱。妈妈要记住,教会孩子爱与被爱,比教会孩子生存技能更重要。妈妈如何教会孩子去爱呢?其实,这是一个潜移默化的过程。众所周知,每一位妈妈都爱自己的孩子,她们对孩子的爱是无私的,也以各种方式表现着。在接纳和感受妈妈爱的过程中,孩子渐渐地学会爱,也学会以爱对待身边的每一个人。

在妈妈的爱中成长的孩子,他们有安全感,内心笃定,当面对生活中的危机时,也可以做到从容应对。相反,如果孩子从小就缺乏妈妈的爱,就会缺乏安全感,在面对人和事情的时候总是会陷入慌乱的状态之中,无法自处。

有些妈妈认为,不能过度爱年幼的孩子,否则就是溺爱孩子,也会使孩子变得骄纵。为此,即使面对尚在襁褓之中的婴儿,妈妈也会声色俱厉,以绝对"严母"的形象对待孩子。有的时候婴儿无缘无故地哭闹不休,妈妈也狠心不抱起孩子。殊不知,心理学家曾经指出,妈妈在孩子的婴儿时期无论怎么爱孩子,都是不为过的。而且,在婴儿时期得到妈妈爱的孩子,长大之后情绪更加平和,对于爱的理解和感知能力也更强。反之,如果在婴儿时期没有得到妈妈的爱,孩子长大之后性格上就

## 第04章 用爱和关怀建立安全感：帮助孩子平稳度过第一个叛逆期

会出现缺陷，心理上也会惶恐不安。还有的妈妈，在孩子小时候非常爱孩子，等到孩子渐渐长大且懂事，妈妈就会减少对孩子的爱，因为她们觉得对于不断成长的孩子应该以教育为主。难道爱与教育是相互排斥的关系吗？当然不是。爱，何尝不是一种教育孩子的最佳方式呢？

爱是造物主给予人类最美好的礼物，也是一种非常神奇和伟大的感情。父母对孩子的爱是天生的本能，所谓舐犊情深，父母爱孩子也是如此。但是，父母对孩子的爱比舐犊情深更多了一些深刻的含义。父母除了出于本能爱孩子，也要理性地爱孩子，恰到好处地教育孩子，这样才能给予孩子最好的引导和帮助。因此，父母对孩子的爱增一分则多、减一分则少，一定要不多不少、恰到好处，才能对孩子的成长起到最好的效果。

从甜甜出生之后，每天中午午休的时候和晚上入睡之前，妈妈都会给予甜甜一个深情甜蜜的亲吻。就这样，甜甜在妈妈的亲吻和浓重爱意中成长，很快乐，也很满足。

有一天中午，妈妈和往常一样亲吻甜甜的额头，然后就躺在甜甜的身侧昏昏沉沉地入睡，不想，正当妈妈迷迷糊糊要睡着的时候，突然感受到身边一阵窸窸窣窣。妈妈还没来得及睁开眼睛，就感受到一个湿漉漉的亲吻，妈妈睁开眼睛，看到甜甜正瞪着大眼睛看着妈妈，嘴巴上满是口水。妈妈把甜甜拥入怀抱里，亲昵地对甜甜说："妈妈是不是很好吃，让你亲吻妈妈的时候，都忍不住流口水了？"甜甜笑起来，妈妈也笑起来，在甜蜜的笑和吻之中，她们相拥着进入香甜的睡眠。

因为一直都被妈妈亲吻和爱，才三岁的甜甜也学会了用同样的方式爱妈妈，这就是爱的表达。得到甜甜主动的亲吻，虽然被亲得满脸口水，但妈妈一定满心满足。妈妈给孩子的爱，一定要让孩子感受到，这

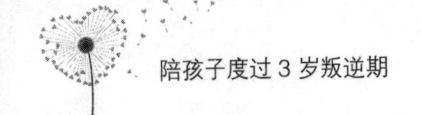

样孩子才能从妈妈那里学会被爱与去爱。

很多妈妈抱怨，自己爱孩子，孩子却不满足。这一定是因为妈妈对孩子的爱没有从孩子的需求出发，也没有以孩子能够感知到的方式进行。对此，妈妈要反思自己，想一想以怎样的方式才能更好地爱孩子，以怎样的方式才能满足孩子对爱的需求，这一点很重要。

在大自然里，每一个生命都知道要爱孩子，但人类拥有爱的更高智慧，因此要把对孩子的爱提升到更高的层次。父母对孩子，要做到正常地爱，而杜绝溺爱、错爱、盲目地爱，并杜绝以爱的名义捆绑和束缚孩子。爱是积极的情感，父母和孩子都应该在对彼此的爱中感受到生命的温暖，从而积极快乐地成长。

## 用爱给孩子强大的力量

几乎每一个父母都怀有一个不切实际的梦想，那就是希望孩子能够安静而又听话，温顺而又乖巧，该吃饭的时候吃饭，该睡觉的时候睡觉，对爸爸妈妈言听计从，把爸爸妈妈安排的事情都做到最好……嗨，快点儿醒醒吧，这样的白日梦有必要继续做下去吗？孩子当然不会满足父母这样虚幻的想象，父母也不要再自欺欺人、沉浸在这样不切实际的想象之中。孩子是一个活生生的生命，是一个独立的生命个体，是随着不断成长而可以自由行动、主宰自己的活物，可想而知，在孩子初生牛犊不怕虎、对于自己的言行举止没有能力负责的时间里，父母该是怎样地提心吊胆。

有时候，孩子的确会表现出乖巧的一面，才两岁的孩子就能帮着

## 第04章　用爱和关怀建立安全感：帮助孩子平稳度过第一个叛逆期

妈妈拿拖鞋，三岁的孩子会在妈妈睡觉的时候保持安静，把自己喜欢吃的零食留着和爸爸一起分享——但是，这样乖巧的孩子转瞬间就会变了模样。有的时候，他们的歇斯底里简直把爸爸气得要吐血，把妈妈气得恨不得把他们重新塞回肚子里。当然，这是不可能的。与其抱怨孩子、嫌弃孩子，对孩子怀有不切实际的幻想，也让自己变得更加懊恼，不如给予孩子更多的爱，用爱赋于孩子强大的力量，让孩子健康快乐地成长。

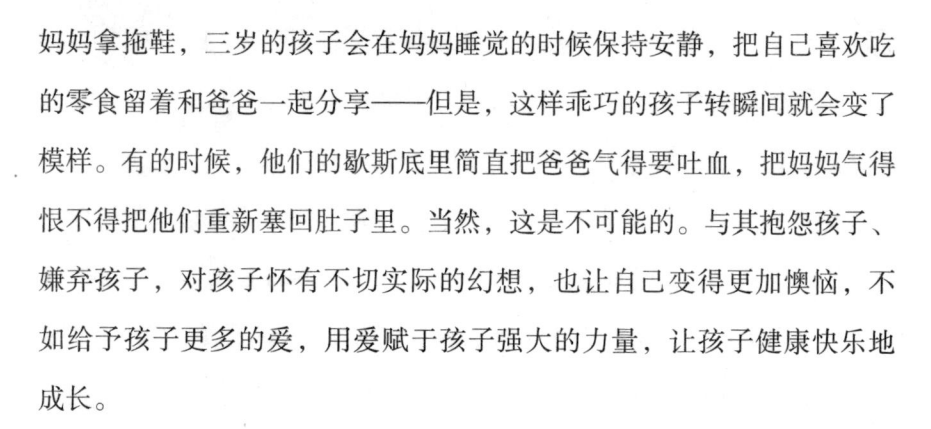

有的时候，面对乖巧可爱如同天使的依依，再面对肆无忌惮如同恶魔一般邪恶的依依，爸爸简直要怀疑自己有两个女儿。为何如此极端的性格会同时出现在同一个孩子身上呢？新手爸爸无法回答这个问题，但有一点他很确定，那就是他逃无可逃，必须面对这个古怪精灵的孩子。

有一天，妈妈正在厨房里做饭，突然意识到依依已经安静了很长时间，为此，妈妈赶紧打开厨房的门查看依依的情况，这个时候，妈妈简直要崩溃。原来，依依把客厅储物柜里所有的抽纸都拿出来，用剪刀剪碎抽纸的塑料袋，然后把抽纸全都一沓一沓地铺到地上。看着依依的杰作，妈妈简直要崩溃，没想到依依却满脸讨好地问妈："妈妈，漂亮吗？"妈妈强忍着怒火，咬牙切齿地说："漂亮！"依依才刚刚低下头继续玩自己的杰作，妈妈就举着来不及放下的锅铲跑到书房，对低头族爸爸声色俱厉地说："如果你不想让手机进入马桶，就赶紧放下手机去看着你闺女！"爸爸看着妈妈难看的脸色，不敢违抗妈妈的命令，赶紧去客厅找闺女。然而，闺女先妈妈一步，趁着妈妈把爸爸的手机扔掉马桶里之前，先把堆积如山的纸巾扔进了马桶里。好吧，爸爸接下来的任务是边看着闺女，边疏通马桶。

作为三岁的孩子，不管是理应淑女的女孩，还是理应顽皮的小伙

子，他们神一般统一的行为，就是调皮捣蛋、不受指挥。除了睡觉的时候，如果孩子反常地安静，那么父母一定要引起警惕，因为孩子一定在进行前所未有的祸害行为，就像事例中的依依一样。

孩子在三岁前后，正处于宝宝叛逆期，随着自由行动的能力不断增强，他们也更加自由地展开对外部世界的探索。再加上强烈好奇心的驱使，孩子们更是会在父母稍不留神的时候就做出"出格"的举动。面对孩子日复一日折腾出的新鲜的花样，父母的耐心渐渐消磨殆尽，很多父母都在为孩子收拾战场的过程中感到精疲力尽。然而，孩子不可能完全安静下来，既然如此，我们就以爱赋于孩子力量吧！

## 不顺从的孩子也许更有主见

三岁前后的孩子明显表现出不顺从的行为特征，这让他们起来很像是在故意和父母作对，实际上，他们并非故意违背父母的意愿，而只是更想遵从自己的意愿而已。孩子的心思是非常简单的，他们表达心意的方式也很直截了当，丝毫不加以掩饰，为此，他们会以简单干脆的方式表达自己的心意，而根本不管他们的表达会给他人带来怎样的情绪感受和想法。很多父母都希望孩子能够听话而顺从，却不知道过于顺从的孩子往往缺乏主见，在面对很多事情的时候都无法坚持自己的想法，总是很容易受到他人的影响。父母如果不想让孩子未来成为唯唯诺诺的人，就要尊重孩子的想法，并给予孩子更多民主的权利。要知道，孩子对父母不顺从，正是为了顺从自己，也是为了坚持自己的主见。

很多父母因为从自身角度出发，无法完全放下自我，所以常常以居

## 第04章 用爱和关怀建立安全感：帮助孩子平稳度过第一个叛逆期

高临下的姿态对待孩子，甚至强势要求孩子。殊不知，随着渐渐成长，孩子再也不是那个对父母言听计从的小生命，而会变得有主见有思想，也愿意坚持自我。在这种情况下，父母一定不要随便逼迫孩子，更不要以父母的强势和权威压迫孩子。

很多孩子除了因为叛逆而不愿意顺从父母之外，他们不愿意顺从还有其他具体原因。但是，粗心的父母往往无法洞察孩子内心深处的想法，唯有细心的父母才可以站在孩子的角度上思考问题，并更加深刻地了解孩子的情绪感受。

因为最近工作上非常忙，所以妈妈接连好几天都住在单位，没有回家。看不到心爱的丁丁，妈妈有些想念，因而借着中午午休的时间给丁丁打了个电话。电话是奶奶接的，奶奶告诉妈妈，丁丁这几天学会背诵一首古诗。后来，丁丁接电话，妈妈对丁丁说："丁丁，你可以把学会的古诗背诵给妈妈听吗？"丁丁斩钉截铁地说："不行！"妈妈劝说丁丁，奶奶也在一旁威逼利诱丁丁，但是丁丁始终不为所动。

后来，奶奶使出杀手锏："丁丁，如果你再不背诵古诗，妈妈就不要你了哦！"听到这句话，丁丁突然号啕大哭起来。妈妈赶紧在电话里告诉丁丁："丁丁，奶奶说的是错的，妈妈爱丁丁，永远都要丁丁。"丁丁还是哭个不停，妈妈心疼不已，只好打车赶回家里安抚丁丁。

丁丁为何不愿意背诵古诗给妈妈听呢？其实是有原因的。丁丁已经好几天没有看到妈妈，他最想得到妈妈的陪伴，如今，妈妈非但不回家陪着他，反而对他提出要求，他当然不愿意啦！为此，当奶奶说出"妈妈就不要你了哦"时，一下子戳中丁丁心中的担忧和焦虑，导致丁丁情绪崩溃地大哭起来。

很多成人都不了解孩子的心思，因而在与孩子沟通和交流的过程中

时常会犯口不择言的错误,伤害孩子稚嫩的心灵。作为父母,面对孩子的不顺从,我们要透过孩子的行为洞察孩子内心深处的想法,找到孩子不顺从的原因,从而有的放矢地说服孩子。如果孩子只是因为叛逆而不愿意顺从父母的意愿,那么父母也要尊重孩子的意志,不要试图强制要求孩子按照父母说的去做,更不要试图以强权压制要求孩子改变原本的想法。当然,这个世界上没有人享受绝对的自由。父母可以给孩子限定道德的底线,然后给予孩子足够的空间去自由成长,减少对孩子的横加干涉和肆意改变。正如意大利著名的教育家蒙台梭利所说,爱与自由,是父母给孩子的最好礼物。

## 任何时候都不要与孩子对立

面对懵懂无知的孩子,很多父母都知道"不与孩子计较"的道理,因此,在孩子情绪激动的时候,他们可以保持相对的冷静和理智,从而引导孩子接纳情绪、正确处理情绪。然而,还是有相当一部分父母面对孩子的情绪冲动时会陷入激动的状态之中,由此被愤怒冲昏头脑,与孩子陷入对立之中。不得不说,这样的父母是极其不理智的,也会导致亲子关系朝着恶劣的方向发展。作为父母,我们在亲子关系中承担着主导者的责任和义务,和孩子相比心智更加成熟、人生经验更加丰富,因而一定要控制好情绪,不要因为被孩子激怒就失去理智。

父母要意识到,孩子的思维方式和行为模式与成人是截然不同的。孩子无法在短时间内提升自己的思想层次去了解父母,因此,父母要怀着一颗赤子之心去了解孩子,站在孩子的角度看待问题,也从孩子的需

## 第04章 用爱和关怀建立安全感：帮助孩子平稳度过第一个叛逆期

求和立场出发体谅和宽容孩子，唯有如此，才能经营好亲子关系，才能陪伴孩子快乐地成长。

很多年轻的夫妻在结婚之后，经历很长时间才彼此磨合好，让婚姻生活渐入佳境，而孩子的到来虽然让他们感受到新生命降临的喜悦，却也打破了他们固有的相处模式，导致整个家庭生活都面临巨大的改变。为此，父母在爱孩子之余，也不得不因为孩子的到来而承受更大的压力，重新适应新的家庭相处模式。为此，很多新手父母对孩子总是高高在上、颐指气使，恨不得以声色俱厉的方式狠狠教训孩子一通，让孩子马上从不听话到听话。然而，孩子是生命个体，不是一个机器，无法全盘接受父母的指令。作为父母，如果我们不能掌握有效的教育方式对待孩子，很容易导致亲子关系对立，也使得亲子感情淡漠。尤其是在父母和孩子都陷入失去理智的愤怒状态时，事态的发展就会失控。所以父母一定要理性地处理好与孩子之间的关系，并有的放矢地引导孩子成长。

甜甜特别喜欢妈妈为她新买的一双坡跟凉鞋。其实，这双凉鞋是甜甜要求妈妈给她买的，她在动画片《苏菲亚》之中看到苏菲亚穿着亮闪闪镶钻的高跟鞋，就对高跟鞋情有独钟，因而对妈妈提出："妈妈，我要穿亮闪闪的、能增高的鞋子。"自从鞋子买回家，甜甜就对鞋子爱不释"脚"。

周末，妈妈提议去爬山，在准备出门的时候，妈妈拿出一双运动凉鞋给甜甜穿。然而，甜甜生气地把运动凉鞋收到鞋柜里，坚持要穿漂亮的公主鞋。妈妈再三解释："甜甜，我们是要去爬山，爬山穿高跟鞋很累。"甜甜对妈妈说："妈妈，我穿上增高鞋就有力量，一直爬到山顶。"妈妈再次拿出运动凉鞋，强制要求甜甜必须穿运动凉鞋，甜甜很生气，索性把运动凉鞋扔到垃圾桶里。妈妈被甜甜气坏了，说："你要

是不穿运动凉鞋,就不许去爬山。"甜甜歇斯底里地哭起来,抱着公主鞋,怎么也不愿意撒手。最终,妈妈和甜甜都气得气喘吁吁,谁也没有说服谁。眼看着半个小时过去,妈妈只好气鼓鼓地对甜甜说:"你穿增高鞋,不许让人抱,只能自己爬!"

显而易见,在这场增高鞋的风波中,妈妈把自己与甜甜对立起来,导致甜甜也憋着劲,坚持要穿增高鞋。妈妈越是强烈要求甜甜穿运动凉鞋,甜甜就越是不愿意服从。其实,在亲子关系中,当父母把自己与孩子的关系陷入对立状态时,就意味着事情进入僵局。父母要知道,孩子虽然小,却也有主见,还很爱面子,为此,若父母当面驳斥他们的面子,他们就会很生气,陷入愤怒的状态,也因此而更加执拗地坚持自己的想法。为了有效说服孩子,父母应该采取润物细无声的方式劝说孩子,而不要对孩子声色俱厉,只想以硬碰硬快速改变孩子的想法和做法,这显然是不可行的。

若父母与孩子陷入对立状态,还会扰乱家中长幼有序的良好状态,让孩子对父母失去尊重。对于父母而言,因为某一件事情而失去孩子的尊重,显然是得不偿失的。要想有效解决问题,父母就要了解孩子心中的所思所想,也要用晓之以情、动之以理的方式劝说孩子。如果孩子小,还可以以形象的方式讲给孩子听。总而言之,就是不要陷入对立之中,否则只会导致问题更加僵持,无法得以有效解决。

当然,每个孩子的脾气秉性是不同的。有的孩子性情温和,更容易说服;有的孩子性格暴躁,自我意识强烈,为此,当与父母有分歧的时候,他们更愿意坚持自己的想法,而不愿意顺从父母,这样的孩子往往不分时间场合就会与父母顶撞起来。为了避免尴尬,父母要摸清楚孩子的脾气秉性,从而以正确的教养方式对待孩子,也以合理的方式引导孩

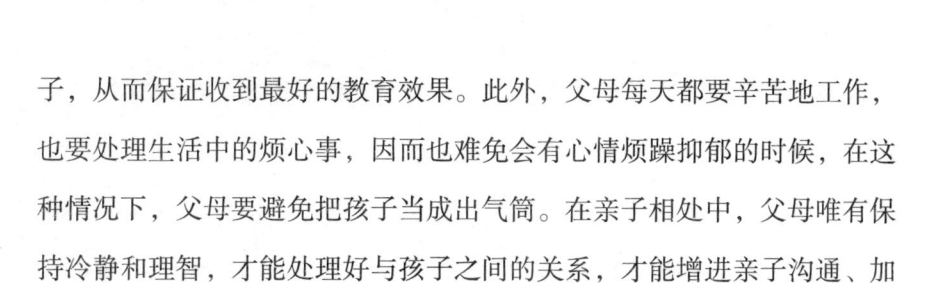

子，从而保证收到最好的教育效果。此外，父母每天都要辛苦地工作，也要处理生活中的烦心事，因而也难免会有心情烦躁抑郁的时候，在这种情况下，父母要避免把孩子当成出气筒。在亲子相处中，父母唯有保持冷静和理智，才能处理好与孩子之间的关系，才能增进亲子沟通、加深亲子感情，让孩子在其乐融融的家庭氛围中健康快乐地成长。

## 给孩子"当家做主"的机会

很多妈妈都感到奇怪，为何孩子在学校里就像小大人，总是能和老师配合好，也可以与同学和谐相处，但是一旦到了家里，就会瞬间变成任性的孩子，或者大发脾气，或者故意与父母对着干呢？为此，父母总是抱怨孩子不省心，却没有想到，孩子之所以回到家里就"变小"，完全是因为置身于家庭的环境里。

孩子之所以会在父母面前"变小"，就是因为父母常常溺爱孩子，而没有给孩子机会"当家做主"。在父母心中，孩子总是很小，在父母的骄纵和溺爱中，孩子自然会撒娇，也会变得任性。如果父母能给孩子机会做一些家务，让孩子成为真正的小主人，"当家做主"，则可以增强孩子的主人翁意识，也可以让孩子瞬间"变大"。

细心的妈妈会发现，在妈妈做家务的时候，孩子也会模仿妈妈的样子做家务。例如，妈妈在擦拭家具，孩子也会主动要求妈妈给她一个干净的抹布。有些妈妈觉得孩子只会跟着捣乱，干活也干不好，因而对于孩子的要求置之不理。实际上，孩子也许一次两次做不好，但尝试的次数多了，他们就能把简单的家务活做好。为此，妈妈不要因为怕麻烦

就拒绝让孩子做家务，而是可以给孩子提供工具，让孩子和妈妈一起做家务。当孩子亲自把整个家变得更加干净，他们就会珍惜自己的劳动成果，也就不会肆无忌惮地把整个家里弄得乱七八糟。还有的妈妈对于满怀热情做家务的孩子会无情地训斥，这样会打消孩子的积极性，孩子也无从知道妈妈的辛苦。

妈妈要知道，孩子之所以模仿妈妈做家务，完全是出于好意，而没有任何恶意。他们想要通过努力为妈妈分担辛苦，也想要和妈妈更加亲近。因此，妈妈一定要爱护孩子对于做家务的热情，也要给孩子树立正确的榜样，教会孩子如何做家务。记住，没有孩子天生就具有全方面的能力，妈妈一定要耐心地引导和教授孩子，才能给予孩子更好的陪伴，让孩子快乐成长。

趁着周末在家，妈妈开始进行大扫除。这会儿，她正拿着干净的布在擦家具，甜甜看到妈妈的样子觉得很好奇，也和妈妈要一块布。但是，妈妈对甜甜的话置若罔闻，还告诉甜甜："乖乖去一边玩，不要耽误妈妈干活。"无奈，甜甜只好四处寻找布，最终拿起枕头上的枕巾，模仿妈妈的样子开始擦地。

看到甜甜干活有模有样，妈妈正想表扬甜甜呢，等到看清楚甜甜手里拿着的枕巾，妈妈不由得勃然大怒："甜甜，你可真是个捣蛋鬼啊，你的枕巾，我前几天才刚换的，你就拿来擦地，简直是给我添乱。"甜甜被妈妈批评一通，眼睛里含着泪水，委屈地跑开了。后来，甜甜再也不模仿妈妈干家务，而是常常在家里肆无忌惮地疯玩，把家里搞得乱七八糟的。

作为妈妈，你是否觉得自己亲手做的饭菜吃起来特别香，而对于别人做好的饭菜，尽管也很美味，却没有那种非常珍惜的感觉呢？这是因为人对于自己付出劳动的事情会很用心，也会非常珍惜自己的收获和所得。对于孩子而言也是如此，如果他们总是享受父母的劳动成果，无形中就会失去珍惜的意识。而如果他们是通过自身的努力才得到劳动成果，他们就会非常珍惜，也会加倍努力。要想让孩子成为懂事的小大人，父母就不要总是骄纵溺爱孩子，而是要给孩子机会做一些力所能及的事情，这样孩子才会知道生活的甘苦，才会有更好的表现。

从身心发展的角度而言，孩子的成长是漫长的过程，不可能一蹴而就。很多父母都羡慕别人家的孩子很乖巧懂事，却不知道别人家的父母在有意识地锻炼孩子，给孩子机会做力所能及的事情，也让孩子体谅和感受父母的辛苦。唯有如此，孩子才能迅速成长起来，才能拥有感恩之心面对生活。

## 用安全感陪伴孩子成长

每个人都需要安全感，在成人的社会里，人人都有不同的追求，有的人追求金钱名利，有的人追求物质享受，有的人追求精神上的满足，实际上，这些都是在追求自己内心的满足，获得安全感。对于成人而言，安全感尚且如此重要，对于孩子而言，当然更需要安全感。孩子因为年龄的限制，能力有限，常常需要依赖父母才能更好地生存，为此他们常常陷入缺乏安全感的状态，也更加渴望得到安全感。那么，孩子从哪里得到安全感呢？

孩子得到安全感的第一个途径，就是从父母的爱之中感受到内心的平静，并获得情感上的满足，这样孩子才能觉得安全。很多父母误以为

孩子还小，还不记得很多事情，所以就把孩子送回老家交给老人带养。殊不知，越是在襁褓时期，孩子越是需要和父母亲密接触，尤其要得到妈妈爱的抚触，这样孩子才能获得安全感。除了爱孩子之外，父母还要为孩子营造一个良好的成长环境，这个环境要让孩子觉得安全舒适，从而让孩子安心地成长，获得安全感。可想而知，一个拥有安全感的孩子，更愿意接纳自己、接纳世界；而一个没有安全感的孩子，对于外界的一切都怀着怀疑的态度，自然无法与父母以及其他人建立良好的关系。从这个角度而言，安全感的获得不但对于孩子的成长有很重要的作用，也会关系到孩子在一生之中的幸福快乐。

自从皮皮出生之后，妈妈当了三年家庭主妇，全职带养皮皮。皮皮三周岁之后，妈妈把奶奶从老家接过来，自己则准备恢复工作。一开始，皮皮不愿意跟着奶奶，而坚决要和妈妈在一起。后来，经过一段时间的相处，皮皮才接受奶奶。

为此，妈妈恢复工作的事情也就提上日程。上班第一天，妈妈担心皮皮会哭闹纠缠，为此，她趁着皮皮还没有睡醒就去上班了。结果，皮皮八点钟醒来后，哭闹不休，奶奶简直招架不住。当天晚上，皮皮看到妈妈回到家里，始终跟在妈妈身后，坚决不愿意离开半步。即使妈妈保证不再离开，也没有用。夜已经很深了，皮皮还是不愿意睡觉，因为他担心，自己一旦闭上眼睛睡觉，等到再次睁开眼睛的时候，妈妈就会消失。好不容易睡着，皮皮还哭醒了两次。妈妈意识到自己的不当行为伤害了皮皮的心，也让皮皮失去了安全感，为此，妈妈决定再也不能背着皮皮去上班。次日早晨，妈妈先和单位主管请好假，然后温柔地叫醒皮皮，和皮皮告别。虽然皮皮看到妈妈要离开依然哭个没完，但是妈妈一直耐心地告诉皮皮："皮皮，妈妈去上班，等到天色晚了，就回家来陪你，好不好？妈妈保证在天黑之前就回来，你放心吧。"这一次，皮皮在妈妈离开之后很快停止哭泣，偶尔会问奶奶："奶奶，妈妈什么时候回来？"奶奶告诉皮皮："妈妈等到太阳落山就回来了。"

就这样，皮皮一天之中常常看看太阳，盼望着妈妈回家的时刻。果然，妈妈在傍晚时分回到家里，还给皮皮带了一个美味的零食呢！皮皮高兴极了，对着妈妈的脸不停地亲吻。几天过去，皮皮再也不因为妈妈上班离开家而哭泣，而是兴高采烈地送妈妈下楼，等到妈妈快回家的时候，他还会和奶奶一起在楼下等着妈妈。

在皮皮还没有醒来的时候，妈妈就悄悄地去上班了，皮皮醒来之后看不到妈妈，当然会感到内心焦虑，也会害怕失去妈妈。其实，这样偷偷离开孩子的行为是不可取的，妈妈要想给予孩子安全感，除了给孩子爱与关注，也要引导孩子正面接受很多事情。例如，上班之前和孩子告别，一定要正面告别，而不要悄悄离开孩子的身边，否则会导致孩子惶恐不安。

很多父母都会在不知不觉间把孩子想得太过脆弱。实际上，孩子的承受能力并非不堪一击，最重要的在于父母要从正面告诉孩子很多事情，也要帮助孩子学会接受。如果父母始终无微不至地照顾孩子，从来不让孩子接受任何的风雨泥泞，终有一天父母要离开孩子的身边，孩子不得不独自面对人生，那时，孩子又该如何是好呢？明智的父母会给予孩子安全感，也会教会孩子如何获得安全感。只有真正强大的孩子，才能内心笃定，从容不迫地成长，才能在人生的道路上欣赏更多的风景。

## 不给孩子贴上负面标签

当面对陌生人时，出于对自身安全的担忧，孩子理所当然会出现自我保护的本能，有意识地躲避和远离陌生人，或者因为无奈地被陌生人亲近而哭泣。对于孩子这样的表现，很多成人将其归结为"胆小怕生"。虽然这四个字很好地概括了孩子的状况，但是对于孩子而言这并不是一个积极的标签，也可以说是负面标签。这样的负面标签，会让缺乏自我判断力的孩子受到负面影响，久而久之，甚至会让孩子觉得自己理所应当就是这个样子。因而父母一定不要随意给孩子贴上负面标签，而应就事论事，针对孩子的某些行为举止给出适当的引导，否则，非但不利于孩子的成长，反而会阻碍孩子的成长。

很多孩子对于未知的人和事物，都会感到恐惧，这是因为他们无法从未知的人和事物上得到安全感。父母要分析孩子胆小怕生的行为表象下隐藏的深层次心理原因，才能有的放矢地解开孩子的心结，并帮助孩子更加快乐。小婴儿在满月之后，就会出现认生的表现，随着月龄不断增加，他们的认生表现也在不断地发展变化，变得不同。当孩子能力足够强时，他们不会因为面对陌生人而感到紧张。而在幼年阶段，他们很容易认生。面对孩子的认生表现，父母一定不要否定和批评孩子，而是要洞察孩子深层次的心理需求。所谓心病还须心药医，只有有的放矢地解开孩子的心结，孩子才会再次获得安全感，并形成良好的应变能力。

皮皮自从出生之后，就是妈妈亲自带养的。后来皮皮三岁，奶奶来到家里负责带养皮皮，妈妈则恢复工作。奶奶最初来到家里的时候，皮皮很认生，不愿意和奶奶亲近。奶奶有些着急，总是对皮皮说："哎，你这个小家伙，我是你的亲奶奶，你怎么还不亲近我呢！"有的时候，

## 第04章 用爱和关怀建立安全感:帮助孩子平稳度过第一个叛逆期

看到皮皮躲着自己,奶奶也会抱怨皮皮"胆小认生"。对此,妈妈告诉奶奶:"妈,皮皮和你见面少,看到你感到害怕是正常的。你不要说他胆小认生,不然他就觉得自己应该是胆小认生的。你可以和他做游戏啊,时间长了就好了。"

在妈妈的正确引导下,奶奶不再说皮皮"胆小认生",而是耐心地哄着皮皮玩耍,还会给皮皮买好吃的。渐渐地,皮皮和奶奶越来越亲热。不过,皮皮还是非常警惕的,对于陌生人和新鲜的事物,都会比较警惕,怀着抗拒心理。针对皮皮这样的状态,妈妈也会有意识地带着皮皮去人多的公众场合,给皮皮更多的时间学会接受陌生人。

孩子不认生真的好吗?从心理学的角度而言,孩子认生,其实是在启动自我防护机制,从而让自己远离陌生人。对于襁褓之中的婴儿来说,如果在被陌生人抱起的时候大声哭泣,则相当于在对父母发出警报,可以让父母对于陌生人也保持警惕。

此外,孩子之所以有明显的认生表现,也因为孩子本性率真,他们不愿意掩饰自己的真性情,而会把自己的所思所想都明白无误地表现出来。有些父母看到孩子认生很着急,会强迫孩子必须面对陌生人,这样会让孩子更加恐惧,失去安全感。正确的做法是,首先,避免当着孩子的面给孩子贴上"胆小认生"的标签,否则孩子就会理所当然地胆小认生,也对自己失去正确的评价。其次,要给孩子一个过程接受陌生人。其实,孩子有权利决定自己是否要面对陌生人,而不要强制要求孩子必须接受陌生人。最后,父母要为孩子开拓视野,让孩子接触更多的人和事情。有些妈妈很宅,带着孩子也常常宅在家里,结果导致孩子在成长过程中只能接触到家里的人和事情,而对于外界的一切都非常陌生。所以,在突然进入陌生的环境之中时,他们会感到很紧张,也会产生恐

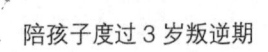

惧。所谓见多识广，父母让孩子见得多，孩子才能视野开阔，内心充实，自然对于陌生的人和事也就不会那么恐惧。

## 别让孩子习惯于向老人寻求庇护

现代社会生存压力特别大，职场上竞争也日益激烈，为此很多父母都要忙于工作，养家糊口，把孩子交给老人带养。老人在日常生活方面会把孩子照顾得很好，但是在培养孩子各种能力方面则略有欠缺。民间有句俗话，叫作"隔代亲"，这就意味着爷爷奶奶看孙辈，越看越喜爱，越看越疼溺。因此，祖辈会给予孙辈无微不至的照顾和全身心投入的疼爱。渐渐地，孩子们越来越依赖老人，也习惯于接受老人的庇护。在有些家庭里，当爸爸妈妈想要教训孩子的时候，老人也会横加干涉，有些老人还会以强硬的态度制止："孩子是我带大的，你不能打骂。"为此，很多家庭常常因为教育孩子而发生争执和矛盾。

当然，老人在退休之后为了孩子而养育孙子，有些老人还得背井离乡来到子女所在的大城市，这是一种很大的牺牲。但是，即使老人带孩子很辛苦操劳，也不意味着老人就有权利干涉父母的教育。毕竟老人的教育观念很落后，育儿理念也接近于无。所以明智的老人不会在父母管教孩子的时候加以干涉，否则就会让孩子察觉，使得孩子每当犯了错误就向老人求助，导致老人与子女之间发生矛盾。

皮皮是个很有眼力见的孩子，三岁之前，他一直在妈妈的严格管教之下成长，三岁后，奶奶来到家里开始负责带养皮皮，结果皮皮很快就发现奶奶比妈妈更加疼爱他。为此，他一旦有什么要求都会肆无忌惮向奶奶提出来，因为他知道奶奶会不遗余力地满足他。

有一次，皮皮因为不听话，要吃很多的冷饮，被妈妈狠狠批评一通。尽管妈妈苦口婆心地告诉皮皮不能吃太多冷饮，皮皮还是不愿意妥协，坚持要吃冷饮，为此妈妈扬起巴掌要打皮皮。这个时候，皮皮赶紧跑到奶奶身后躲起来，对奶奶说："奶奶，妈妈要打我。"奶奶当然爱孙子心切，对妈妈说："孩子么，都贪吃，他想吃就给他吃吧！"妈妈眼看着辛辛苦苦教育皮皮的成果要功亏一篑，也为了避免皮皮以后总是向奶奶寻求庇护，为此严肃地对奶奶说："妈，我在教育孩子，你不要管。"奶奶听到妈妈这么说话，很生气，和妈妈冷战了好几天。

如果妈妈看到皮皮向奶奶求助就缴械投降、不再教育皮皮，那么，即使皮皮才三岁，也能看出来好坏，以后每当有可能被妈妈管教时，他就会向奶奶求助。这样一来，不但皮皮的教育问题堪忧，妈妈与奶奶的关系也会因此而变成对立的状态，根本无法协调。也许，妈妈直接告诉奶奶"我在教育孩子，你不要管"，奶奶会生气，但是这样的方式是恰当的，因为在有老人帮忙带养孩子的家庭里很容易因为孩子的教育问题而发生矛盾，所以，要采取恰当的方式进行规定，从而各司其职，并避免因为教育战线不统一而给孩子带来困扰。

当然，既然年青一辈请老人来帮忙带养孩子，就不要指责老人的教育会误导孩子，也不要说老人是在帮倒忙，而是应该采取有效的方式与老人达成一致，这样才能与老人搞好关系，保持家庭教育的战线统一，让家庭教育对孩子的成长起到的积极的作用，并维持相对稳定的效果。

# 第05章
## 和孩子好好说话：
## 你的赞美是抚平孩子叛逆心的清风

　　孩子还小，缺乏自我评价的能力，为此他们在成长的过程中往往无法客观中肯地评价自己。有的时候，他们还会因为信任和依赖父母而把父母对他们的评价照搬过去，作为自我评价。从这个角度而言，父母对孩子的评价至关重要，会对孩子的成长起到很大的影响作用。因此，父母一定要和孩子好好说话，也不要吝啬认可和赞美孩子。

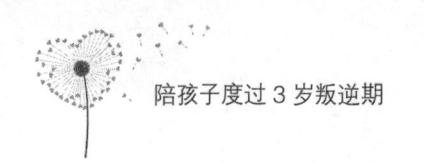

## 自信的孩子最美丽

对于孩子的成长而言，自信是不可缺少的生命养分。自信的孩子，在面对人生坎坷的时候，可以鼓起勇气勇敢面对。而一旦缺乏自信，孩子就会变得唯唯诺诺，在面对人生中的很多挫折时，总是想要退缩。作为父母，在教养孩子的过程中，我们能够给予孩子的最大礼物之一，就是自信。其实不仅对于孩子而言自信很重要，即使对于成人来说，自信也是获得成功人生必不可少的优秀品质。

细心的父母可以发现，古往今来，很多成功者之所以获得成功，未必靠着过人的天赋，而只是因为他们都很自信，拥有百折不挠的精神。现实生活中，很多孩子都缺乏自信，他们从小就习惯了父母无微不至的照顾，一旦离开父母的庇护，就会对自己产生怀疑，根本无法从容应对人生中的很多情况。还有些父母总觉得孩子还小，无须照顾培养孩子自信心。其实，这样的想法都是错误的。所谓三岁看大，孩子虽然小，却处于性格形成的潮湿水泥期。在这个阶段，孩子性格的可塑性很强，父母一定要抓住这个宝贵的时间塑造孩子的性格，孩子将来长大之后才会更加积极乐观。

要想培养孩子的自信，父母就要慷慨地赞美孩子。在传统的教育观念中，讲究长幼尊卑，很多父母对于孩子的要求过于严厉，也会常常批

## 第 05 章　和孩子好好说话：你的赞美是抚平孩子叛逆心的清风

评和否定孩子，导致孩子失去信心，在压抑的环境中成长。现代社会提倡赏识教育，父母要多多认可和赞赏孩子，这样才能让孩子拥有信心，变得更加自信。当然，赞美孩子也不能泛滥，而要把握合适的时机，也要讲究方式方法。若父母对于孩子的赞美太过空泛，且总是泛滥成灾，则孩子就会产生超限心理，对于父母的要求丝毫不以为然，甚至产生逆反心理。所以，父母既要教育孩子，也要引导孩子，既要赞美孩子，也要讲究方式方法给孩子最恰到好处的教育。

可乐从小由保姆带大，保姆很少和可乐交流，更不愿意劳心费力地带着可乐去户外玩耍。因此，可乐渐渐变得自卑而又内向，即使进入幼儿园，也总是一个人呆呆地坐着，很少和同学们一起玩耍。

有一次，老师请小朋友们背诵安全儿歌，可乐早就已经把《小兔乖乖》的安全儿歌背得滚瓜烂熟，但就是不敢在小朋友们面前展示。老师再三鼓励可乐，可乐才如同蚊子哼哼一样磕磕巴巴地把儿歌背诵了一遍。老师当即给予可乐热烈的掌声，可乐害羞地笑起来。可乐的不自信表现在很多方面，其他小朋友争先恐后去做的事情，老师必须再三督促和鼓励可乐，可乐才能勉强去做。

可乐是缺乏自信的，主要是因为保姆没有鼓励和赏识可乐的意识，说不定还会因为可乐顽皮而经常批评可乐。可乐每天都和保姆相处，自然会受到保姆的影响。而妈妈也因为忙于工作而疏忽了可乐，这样一来，可乐当然就无从得到自信。当发现可乐不自信之后，妈妈应该第一时间就意识到问题所在，对于胆怯害羞的可乐，要以积极的鼓励为主，这样才能渐渐地提振可乐的信心，帮助可乐找回信心。

有信心的孩子，如同长了翅膀一样，人生必然翩翩起舞。父母给孩子最好的礼物，就是让孩子自信，只有自信的孩子才是最美丽的。遗憾的是，现实生活中，很多父母对于孩子期望过高，导致孩子无法实现父母的期望，因而受到挫折和打击。父母要知道，孩子还小，能力有限，所以要提出让孩子能够达到的要求，而不要以过高的期望打压孩子的自信。从出生之后到三岁之间，孩子其实一直处于不断学习和成长的过程中，每次感受到自身的进步，孩子都会收获自信。父母一定要保护孩子的自信，而不要肆无忌惮地伤害孩子的自信。即使面对年幼的孩子，父母也要谨言慎行，而不要总是对孩子言语苛刻。

## 给孩子表达的机会

三岁孩子的自我意识越来越强，为此他们不愿意再像刚刚出生时那样对父母言听计从。随着语言能力的发展，他们能更加顺畅地表达自己的思想和意志，为此，很多家庭里常常上演三岁的孩子和父母理论的情形。因为思维能力的限制，孩子思考问题往往不够全面，常常会气得父母无话可说。有些时候，父母因为着急，也会喝令孩子"闭嘴"。殊不知，这看似简单的两个字，很容易伤害孩子稚嫩的心灵，也会打消孩子表达的热情。

很多父母都对于青春期孩子的三缄其口表示发愁和担忧，他们很想走入孩子的内心世界，却不知道应该从何种途径了解孩子的内心。然而，对于年幼孩子的父母而言，情况恰恰相反。三岁大小的孩子很乐于向父母表达，从幼儿园出来，他们会主动向父母汇报在幼儿园里的情况，也会常常和父母针对一些他们不了解的情况进行沟通。对于小嘴吧嗒吧嗒说个不停的孩子，父母因为疲惫或者忙碌，往往没有耐心倾听，

## 第 05 章 和孩子好好说话：你的赞美是抚平孩子叛逆心的清风

所以会禁止孩子表达，或者以三心二意的态度敷衍孩子。如果父母对于孩子的倾诉始终怀着这样的态度，渐渐地，孩子就会失去表达的热情，甚至，即便父母想要问他们什么，他们也会拒绝回答。在这样的过程中，亲子关系越来越疏远，亲子感情也日渐淡漠。而这一切，都是由于父母造成的，是父母的冷漠冰冻了孩子的热情，也推走了想要亲近父母的孩子。

从人际沟通的角度而言，如果父母总是禁止孩子表达，孩子语言能力的发展也会受到限制。孩子在沟通的过程中，其实是在向父母学习，沟通的次数增多，过程顺畅，孩子的思维能力和语言能力都会得以发展。为此，父母一定要认真倾听孩子，这一则是尊重孩子，二则是为了了解孩子的内心，保护孩子倾诉的热情，三则也是帮助孩子获得学习和成长的机会。

依依表达的欲望特别强烈。每天晚上，妈妈下班回到家里，依依就会向妈妈"告状"，和妈妈讲述一天的生活。依依记忆力很好，表达能力也很强，为此她总是能把一天的事情说个八九不离十。晚上睡觉的时候，依依还会要求妈妈讲故事给她听，有的时候妈妈想不起来讲什么，依依就会把知道的故事讲给妈妈听。妈妈发现，依依讲故事的时候很有条理，绘声绘色。

有一天晚上，妈妈实在太困倦了，因而当依依又缠着妈妈要讲故事的时候，妈妈拒绝了依依。而当依依主动提出讲故事给妈妈听时，妈妈却呼呼大睡。依依感到很失望，为此她从床上蹑手蹑脚地离开，去到哥哥的房间里，和哥哥嘀嘀咕咕聊天。妈妈一觉睡醒，看到依依不在床上，大吃一惊，因而当即四处寻找，这才发现依依和哥哥相互依偎着睡得正香呢！

孩子很喜欢表达，尤其是在语言敏感期，孩子正处于学习语言的关键时期，对于表达的热情也空前高涨，在这一期间，父母更要保护孩子表达的热情，给孩子更多表达的机会，也以倾听尊重孩子的表达，这样孩子才会更乐于表达，才会养成良好的沟通习惯。很多父母在孩子小时候愿意表达时嫌弃孩子是话痨，等到孩子进入青春期沉默寡言时，他们又想要撬开孩子的嘴巴让孩子主动表达。殊不知，如果孩子小时候没有养成表达的好习惯，长大之后也不会积极地和父母沟通。所以，父母千万不要嫌弃孩子唠唠叨叨太烦人，而应认真倾听孩子，珍惜孩子非常信任和依赖父母的时光。

在倾听孩子表达的过程中，为了激励孩子表达，也保护孩子表达的热情，父母要做到以下几点：首先，鼓励孩子说出自己的心声，也允许孩子有自己的主见。孩子之所以要表达，是因为他们有独特的想法，尽管这些想法不符合父母的预期，但是父母要尽量设身处地为孩子着想，了解和尊重孩子的想法。如果父母总是不由分说、不分青红皂白就否定孩子，孩子如何还会继续热衷于表达呢？其次，父母要怀着赤子之心对待孩子。很多父母都高高在上，总是对孩子颐指气使，也总是站在成人的角度要求孩子，而忽略了从孩子的身心发展特点出发思考问题。实际上，孩子的思维模式和看待问题的角度与成人是截然不同的，父母要想与孩子产生共鸣，就一定要站在孩子的角度上看待和分析问题，这样才能理解孩子。最后，父母不要要求孩子言听计从。很多父母都在不知不觉间以听话为标准评价孩子，却不知道孩子过于听话并不是好事情，因为这意味着孩子没有主见。真正有主见的孩子，对于父母的话会认真分析，从自身情况出发决定是否听取，而不会一味地听从父母的建议，乃至失去对自己人生的主宰权利。当然，三岁的孩子还小，还不具备成熟

的思考能力，但是父母不要因为孩子小就不引导孩子。所谓三岁看大，唯有父母在孩子小时候就用心教育孩子，孩子将来长大之后才会形成好性格，并拥有优秀的品质。

## 适当关注，让孩子健康成长

从心理学的角度而言，孩子特别顽皮，除了心智尚未成熟这一寻常原因之外，也有可能是孩子为了引起父母的注意。很多父母平日里因为忙于工作，总是对孩子不加关注，而完全把孩子交给老人负责带养。但是孩子亲近父母的心意是天生的，爷爷奶奶对孩子再好，也无法取代父母在孩子心目中的重要地位。所以孩子本能地想要亲近父母，也更愿意赢得父母的关注，从而得到父母的认可和赞赏。作为父母，当发现孩子过度顽皮的时候，我们一定要考虑到这是孩子的心理因素在发生作用，也要有意识地更多关注孩子，给予孩子更多的爱。

亲自带养孩子的细心妈妈会发现，孩子小时候的学习能力是惊人的，成长速度更是超级快。孩子几乎每天都在学习和成长，因而每时每刻都在取得进步、发生变化。遗憾的是，很多父母对于孩子的成长和进步都视而不见，甚至，当孩子表现出色的时候，他们也不会慷慨地给予孩子赞赏。与此同时，他们更加关注孩子的错误，哪怕孩子犯小小的错误，父母也会勒令他们立即改正，并且一而再再而三地批评孩子。不得不说，父母带着有色眼镜看孩子，只会导致孩子的内心受到挫折和打击，使孩子的自信心崩塌。

孩子虽然小，也会察言观色，当他们发现只有犯错误才能引起父母

的关注时,他们会为了得到父母的关注而故意犯错。显而易见,这会导致亲子教育进入恶性循环,使父母和孩子之间的关系变得紧张,亲子感情也受到很大的影响。要想改变这种情况,父母就要更加关注孩子的出色表现,将孩子的点滴进步都看在眼里。这样孩子才会更愿意努力地表现,从而得到父母的认可和赏识。

妈妈刚刚下班回到家,甜甜就拿着她精心准备的礼物送给妈妈看。原来,这是甜甜画的一幅画。这幅画很有些抽象派的意味,看起来有些杂乱无章,实际上很像是一只凤凰。为此,妈妈拿着这幅画看了一眼,说:"很好,甜甜真棒!"然后,妈妈就放下画,开始吃饭。

妈妈吃饭的时候,甜甜拿着画作不停地朝着妈妈身边挤过去。妈妈正饿着呢,狼吞虎咽之余,忍不住抱怨甜甜:"甜甜,你不要挤妈妈,妈妈怎么吃饭呀!"甜甜当即眼圈都红了,哭起来,拿着画生气地跑开了。妈妈这才意识到,刚才自己对于甜甜的画作关注不够,没有满足甜甜的心理需求。为此,妈妈当即放下碗筷,继续欣赏甜甜的画作。果然,甜甜破涕为笑,还指点着画作讲给妈妈听呢!

甜甜之所以朝着妈妈身边挤过去,就是为了让妈妈欣赏她的画作。妈妈一开始对于甜甜的精心之作表现平淡,导致甜甜不满。实际上,甜甜是在寻求妈妈的关注,她渴望得到妈妈的认可。幸好妈妈后来意识到甜甜的心思,也及时满足了甜甜的心理需求,否则甜甜以后也许都不喜欢画画了。

在孩子心目中,父母是非常重要的,为此他们非常在乎父母的评价。偏偏很多父母出于各种各样的原因给予孩子的关注度不够,导致孩子受到忽视。实际上,孩子的成长不但需要满足吃喝拉撒等生理需求,更需要满足心理上和感情上的需求。真正优秀的父母,不但在生活上照顾好孩子，也在精神和感情上给予孩子最大的关注度。这样，孩子才能感受到父母的爱，才会觉得内心平和，收获安全感，从而健康快乐地成长。

## 不要对孩子进行横向比较

很多父母都有一种"天赋"，这种"天赋"在他们没有成为父母之前并没有显现出来，在他们成为父母之后、孩子尚小时也没有明显表现，而在孩子渐渐长大、即将进入学龄前阶段时，他们的这种"天赋"就会爆棚。父母的天赋，就是拿孩子与其他孩子比较。其实，几乎每个人都有攀比的心理，成人的攀比心理尤其严重。在成人之中，当了父母的人，对于孩子的攀比热情空前高涨，似乎孩子打嗝都要拿去与人攀比。这一点，在孩子出生之初就初现端倪。

早在产房里，父母就开始攀比，例如，孩子喝了多少毫升奶，排泄了几泡胎便，出生时几斤几两重，身高几何，都是他们乐此不疲地攀比的内容。随着与孩子的相处时间与日俱增，有孩子的父母在彼此见面的时候，最好的热门话题就是孩子。在这样的攀比过程中，父母不知不觉就拿孩子与其他孩子进行横向比较。比赢了，父母眉开眼笑；比输了，父母感到心里不是滋味。如果孩子大一些了，他们就会对孩子提出更高的要求，从而为他们的攀比准备更多的资本。不得不说，父母这样的横向比较对于孩子而言是非常不公平的。

每个孩子都是独立的生命个体，都是这个世界上独一无二的存在，为此他们与其他孩子之间根本没有可比性。他们与其他孩子的天赋特长不同,脾气秉性不同,与其他孩子的兴趣爱好也不相同。明智的父母即使知道自家的孩子不够优秀,也不会拿孩子的缺点和其他孩子的优点比较,因为这样做会打击孩子的自信心,让孩子变得颓废沮丧。相反,父母会拿今天的孩子与昨天的孩子进行横向比较,从而知道孩子在进步。哪怕孩子进步的幅度很小、进步的速度很慢,只要孩子在进步,就是值得认可和赞许的。父母的鼓励,将会给予孩子最大的动力,在得到父母的鼓励之后,孩子才能振奋精神继续努力向前。因而,不是禁止父母比较,而是要求父母以正确的方式比较。唯有父母比较得好,孩子才能坚持进步,否则只会打压孩子的积极性,甚至导致孩子退步。

果果是个胆小的姑娘,因为妈妈平日里对她管教很严格,所以她不管做什么事情都要经过妈妈的同意。在妈妈无微不至的保护之下,果果越来越胆怯,对于很多同龄人敢于尝试的游戏项目,果果总是退缩。为些,妈妈每次带着果果和其他孩子一起玩,都会觉得很丢面子。

有一天,妈妈带着果果在公园里玩,孩子们都在玩捉迷藏的游戏,轮到果果藏了,明明有一个很好的藏身之所,果果因为害怕,无论如何也不敢去。妈妈着急了,推搡着果果,说:"你看看人家倩倩还比你小几个月呢,胆子那么大,你可真丢人!"听到妈妈的话,果果嘴巴一撇就想哭,倩倩妈妈在一旁看到这样的情形不忍心,赶紧为果果开脱:"我家倩倩可是傻大胆,果果这样淑女多好,我还羡慕果果呢!"

没过多久,果果觉得一边玩一边被妈妈批评没意思,主动提出不玩了,要回家。回家的路上,妈妈还在喋喋不休地数落果果,嫌弃果果太胆小,果果低着头,一声不吭。后来好几天,果果不都愿意去公园里玩。

妈妈只看到果果胆小,却没有意识到果果为何胆小。妈妈只是抱怨果果让她丢面子,却没有看到果果已经很努力做到让妈妈满意。正是因为妈妈总是批评和否定果果,果果才会变得越来越胆小自卑、胆怯退缩。假如妈妈继续这样对待果果,只怕果果即使长大成人,也依然难以摆脱这样的性格。

每一个孩子的成长都渗透着父母教育的影子,当父母发现孩子的成长出现异常情况时,一定要先反思自己的教育方式是否出现问题。有人说,孩子是父母的镜子,如果镜子里的影像出现问题,父母是抱怨镜子,还是先看看自己本人是否有问题呢?很多父母都说孩子不知道父母对他们的爱有多深,实际上,父母也不知道在孩子心目中他们有多么重要。父母的言行举止会对孩子产生很大的影响,父母的评价更是会影响孩子的自我评价。因而,要想帮助孩子建立自信心,父母一定要避免总是批评和否定孩子,而是要给予孩子更多的认可和赞赏。孩子最初的信心来自于父母,而且将会决定孩子未来以怎样的态度度过人生。作为父母,你们知道该如何比较孩子、帮助孩子建立自信了吗?

## 挖掘孩子的闪光点

每个孩子都是这个世界上独一无二的生命个体,不可替代。作为父母,我们千万不要以孩子的缺点和其他孩子的优点比较,而要用心挖掘孩子的闪光点,这样才能更加有的放矢地认可和赞赏孩子。很多父母从一开始觉得孩子是人中龙凤,到后来渐渐意识到孩子只是普通而又平凡的人,因而看待孩子的心态有了很大的改变。他们先是以孩子为骄傲,后来又总是对孩子不满,挑剔和苛责孩子,最终在不知不觉之间打压孩

子，导致孩子失去信心。不得不说，对于年幼的孩子而言，父母的全盘否定对他们的打击是非常沉重的，也是让他们无力承受的。

前文说过，孩子还小，不具备自我评价能力，为此他们不知道如何客观公正地评价自己。在这种情况下，他们理所当然就把父母对他们的评价视为自我评价，因为在这个世界上他们最信任和依赖的人就是父母。从这个角度来说，作为父母，我们千万不要肆意评价孩子，而要端正态度，中肯地认知孩子、评价孩子，也要努力发掘孩子身上的优势和长处，从而针对孩子的特长赞赏孩子。

随着渐渐成长，孩子的感知能力和理解能力都逐渐增强。如果他们发现父母对他们的态度是否定，他们会备受打击，与父母的关系也会变得疏远，与父母的感情也会变得淡漠。因此，父母一定要慷慨地赞赏孩子，而不要总是否定孩子，否则孩子就会深受打击，成长也会受到负面影响。

甜甜身材苗条修长，而且特别喜欢跳舞，有的时候，看着甜甜柔韧的舞姿，妈妈真切感受到甜甜是个跳舞的好苗子。为此，在甜甜四岁的时候，妈妈把甜甜送去学习跳舞。甜甜的小妹妹——舅舅家的妍妍看到甜甜学习跳舞，也叫嚷着要跳舞。妍妍的妈妈却毫不留情地对妍妍说："就你这样长得胖乎乎圆滚滚的，就像小猪仔，怎么学习跳舞啊！你看甜甜姐姐，多么苗条，身姿婀娜。你还是老实待着吧！"在妈妈的拒绝之下，妍妍感到很失落，其实她真的很想和甜甜姐姐一起去学跳舞！

有些孩子的优势一目了然，为此父母很容易就能捕捉到孩子的特长，从而有的放矢地培养孩子。有些孩子的优势则不明显，当他们表现出兴趣爱好的时候，父母不妨顺势而为，给孩子机会发展兴趣爱好，这样孩子才可以有更好的表现，父母则可以借此机会观察孩子在哪些方面比较擅长。事例中，甜甜妈妈很敏感地发现了甜甜的闪光点，也为甜甜创造条件发展特长，而妍妍妈妈则拒绝了孩子的请求。其实，如果她支持妍妍学习舞蹈，说不定妍妍的身姿会变得更美妙，身体的柔韧度也会更好，谁能说妍妍在舞蹈方面的天赋就一定不如甜甜呢？但是如果妈妈不给妍妍机会去学习，则妍妍在舞蹈方面可能潜藏的特长就不会表现出来。

对于特长表现不明显的孩子，父母要更多地用心，也可以给孩子机会去学习，从而发现孩子更擅长哪个方面。孩子的成长离不开父母的指引，如果父母总是压制孩子，无视孩子的能力，则孩子的潜能也许就会被埋没。给孩子机会，并鼓励孩子尽力去尝试，这是最重要的。当然，对于孩子的兴趣和特长，父母要抱着顺其自然的心态，而不要总是强求孩子必须获得成功。如果父母对于孩子的成长太过急功近利，就会给孩子巨大的压力，使得孩子产生退缩和畏惧心理。反之，如果父母能够轻松对待孩子的成长和发展，以"就算不能成功，也可以当成乐趣"的心态发展和培养孩子的兴趣，说不定还能"有心栽花花不成，无心插柳成荫"呢！

## 引导孩子坦然面对挫折

常言道，人生不如意十之八九，这句话告诉我们这个世界上从来没有一蹴而就的成功，也没有天上掉馅饼的好事，在成长的过程中，孩子更是要经历很多的挫折，才能渐渐地成长起来，才能成为人生的强者，真正从容不迫地应对人生。既然生命从来不是顺遂如意的，父母在教育

孩子的过程中，就要对孩子进行挫折教育。遗憾的是，很多父母过于疼爱孩子，总是对孩子有求必应，全方位照顾，结果导致孩子在蜜罐中泡着长大，从来不知道人生中还有风雨泥泞与坎坷挫折。这样一来，孩子必然陷入更大的困顿之中，也会对人生无所适从。

明智的父母知道，父母即使再爱孩子，也不可能始终照顾和陪伴孩子，与其等到孩子长大之后猝然面对人生风雨，不如在孩子小时候就对孩子进行挫折教育，这样孩子才能变得更加坚强勇敢，才会无所畏惧。孩子的成长是漫长的过程，要循序渐进，而不能一蹴而就。父母要在孩子小时候就给孩子灌输各种正确的思想和意识，这样孩子的内心才会越来越强大。

此外还需要注意的是，现代社会提倡赏识教育，为此很多父母就不由分说地赏识孩子，导致孩子得到的赞赏泛滥成灾。渐渐地，这种蜂拥而至的赞赏就会导致孩子产生超限效应，使得孩子对父母的赞赏感到厌倦，也产生叛逆心理。其实，赞赏和鼓励孩子固然重要，但对孩子泼冷水也很重要。如果孩子总是得到正面的认可，而从来不会得到负面的批评和否定，他们的心就会变得非常脆弱，再也承受不起任何打击。父母最大的愿望是孩子坚强独立，而不是孩子成为温室里的花朵、弱不禁风，只要遇到小小的风吹雨打就马上凋零。既然如此，父母就要选择正确的方式教育孩子，千万不要忽略对孩子进行挫折教育。

一直以来，甜甜都是妈妈的掌上明珠，对于甜甜的需求，妈妈总是想方设法满足。有一次，甜甜和妈妈一起去舅舅家做客，和小妹妹妍妍玩得不亦乐乎。妍妍才刚刚过完三岁生日，有一个芭比娃娃，妍妍非常喜欢，摆放在包装盒里，都舍不得拿出来。

甜甜看到芭比娃娃，特别想玩，但是妍妍不允许把娃娃拿出来，

## 第 05 章　和孩子好好说话：你的赞美是抚平孩子叛逆心的清风

只允许甜甜隔着盒子看。甜甜跑去找妈妈，舅妈也和妍妍商量把芭比娃娃拿出来玩，但是妍妍始终不同意。为此，妈妈无奈地告诉甜甜："甜甜，这是妍妍的娃娃，妍妍有权利决定是否给你玩。"听到妈妈这么说，甜甜当即生气地哭起来，而且坚决要离开舅舅家，还扬言再也不来舅舅家里玩了。

在成长的过程中，甜甜从未遭到过拒绝。妈妈总是对她言听计从，所以她无法承受拒绝。实际上，妍妍不同意把芭比娃娃从盒子里拿出来，并没有什么不对的地方，之所以发生矛盾，是因为甜甜的心理承受能力太差。相信在这次被妍妍拒绝之后，妈妈也会有意识地提升甜甜承受拒绝的能力，从而帮助甜甜增强承受能力。

如果父母不从孩子小时候就增强孩子的承受能力，那么，随着渐渐成长，孩子必然会面临更多的挫折和坎坷，也就容易一蹶不振。作为父母，我们一定要有意识地提升孩子的挫折耐受力，毕竟没有人能保证孩子的一生必然一帆风顺。

有些孩子面对困难总是迎难而退，实际上，这也与父母平日里的引导密切相关。很多父母为了保护孩子，总是这也不让孩子做、那也不让孩子做，殊不知，在父母的限制和禁锢中，孩子会变得越来越胆小，对于困难也会失去战斗力。只有迎难而上的孩子，才能在一次又一次的失败之中总结经验和教训，才能摆脱挫败感，踩着失败的阶梯不断向前。为此，即使孩子的成长顺遂如意，父母也要有意识地给孩子设置障碍，从而增强孩子的挫折承受力，让孩子渐渐地感受到人生的艰难。这对于孩子的成长和人生有很大的好处。

## 让孩子做他喜欢的事情

很多父母都在以爱孩子为名义捆绑孩子,他们不同意孩子进行危险的尝试和探险,也不允许孩子做自己喜欢的事情。尽管他们不承认,但是他们最大的愿望就是让孩子成为受他们操纵的机器人,只要他们发出指令,孩子就会进行相应的行动。殊不知,孩子是独立的个体,而不是一个僵硬的机器。父母一定要尊重孩子,真正平等对待孩子,并允许孩子做他喜欢的事情,才能给孩子爱与自由的环境,让孩子快乐地成长。如果父母总是处处限制和禁锢孩子,导致孩子失去生命的灵性,也在父母的捆绑之下变得僵硬,则孩子的生命还有何动力和乐趣可言呢?

现代社会,很多父母都陷入教育焦虑状态,他们恨不得在孩子还在娘胎里的时候就对孩子展开教育,一旦孩子出生,就开始带着孩子上各种亲子课程。随着孩子不断成长,进入到学前阶段,他们还会迫不及待地给孩子报各种兴趣班、补习班、特长班。而实际上,他们从未征求过孩子的意见,也不知道孩子真正感兴趣的东西是什么,就代替孩子作出决断。不得不说,这样的父母看似爱孩子,实际上只想操纵和控制孩子。真正爱孩子的父母,会尊重孩子的兴趣爱好,而不会过度强制要求孩子去做父母感兴趣的事情。

常言道,兴趣是最好的老师。若父母无视孩子的兴趣,只知从自身的兴趣点出发,怀着功利的思想对孩子进行各种安排,试问,孩子没有兴趣作为驱动力,如何能够保持强劲的动力去成长和发展呢?如此一来,所谓的兴趣也就会变成孩子厌恶的东西,对孩子的成长起到相反的作用和力量。遗憾的是,如今有太多的父母都处于教育焦虑状态,盲目跟风,给尚在襁褓中的孩子报亲子课,在孩子进入幼年阶段就对孩子寄

## 第 05 章 和孩子好好说话：你的赞美是抚平孩子叛逆心的清风

予过高的期望，迫不及待地给孩子报诸如英语培训班、蒙氏数学等各种课外班。与此同时，父母还口口声声说自己是在为了孩子好，实际上，这是在捆绑和束缚孩子，也是在扼杀孩子的天性。

看到甜甜学习舞蹈，妍妍也很想学习舞蹈，但是妈妈觉得妍妍太胖了，动作也很不灵活，为此不同意妍妍学习舞蹈。不过，妈妈很喜欢绘画，也觉得擅长绘画的女孩很有灵性，将来就算是搭配普通的衣服，也能收到很惊艳的效果，为此妈妈给妍妍报了美术兴趣班，要求妍妍学习画画。

然而，妍妍丝毫不喜欢画画，对于才三岁的她而言，如果被要求坐在那里一个小时，画自己不感兴趣的作品，这显然做不到。所以，每次上课的时候，妍妍总是画了半节课就擅自跑出来，并请求妈妈带她回家。时间长了，老师也觉得妍妍对绘画没有兴趣，更没有天赋，因而建议妈妈给妍妍报喜欢的课程。经过多方面努力，妈妈最终才同意给妍妍报舞蹈课。

事例中，妈妈因为不尊重妍妍的兴趣爱好，走了弯路。如果妈妈一开始就可以尊重妍妍的意愿，给妍妍报名参加舞蹈课，那么妍妍一定会学得很开心，也就不至于浪费这么多的时间去学习绘画。对于年幼的孩子而言，不管学习什么，他们都要以兴趣作为最好的老师，否则他们根本无法静下心来学习自己不喜欢的课程。

作为父母，在给孩子报培训班的时候，我们要真正尊重孩子的意愿和喜好，而不要从自身的角度出发考虑哪一门技能是对孩子的成长有益的，也不要觉得哪一门兴趣将来可以给孩子考试加分。兴趣，就是孩子喜爱和好奇的东西，根本掺不得假。作为父母，我们必须尊重孩子的兴趣，这样才能最大限度发展孩子的天赋。否则，就是在扼杀孩子的天

性，对于孩子的成长和人生也会不利。此外，在给孩子报兴趣班的时候，父母还要放下功利心，本着尊重孩子的态度给孩子选择和决定的权利。正如意大利著名的教育家蒙台梭利所说，爱与自由，是父母给孩子最好的礼物，也是最有利于孩子天性发展的环境。

## 第 06 章
## 做好情绪的父母：
## 别让你的脾气催化孩子的叛逆

父母情绪好，孩子才有好脾气，若父母情绪恶劣，孩子的叛逆行为只会越来越严重。这是因为孩子懂得察言观色，也有强烈的自尊心，小小年纪的他们还很爱面子呢！为此，父母不要抱怨孩子性格暴躁、脾气糟糕，要想孩子乖巧懂事，父母首先要调整好自己的情绪，这样才能给予孩子积极的情绪引导，以言传身教为孩子做好榜样。

## 听话从来不是好孩子的标准

很多父母都以是否听话来评价孩子，似乎听话是检验孩子的唯一标准。其实不然。对于正处于宝宝叛逆期的三岁孩子而言，他们能听话才奇怪呢！三岁的孩子，自我意识不断增强，叛逆心理越来越严重，再加上身体行动能力越来越强，使他们根本不愿意继续听从父母的安排，而只想通过努力证明自己的能力，并扩大自己探索的疆域。

遗憾的是，很多父母并不了解三岁孩子的身心发展状态，相反，他们总是在孩子面前扮演权威者的角色，也总是希望孩子对他们言听计从。无疑，对于父母而言，听话的孩子最让他们省心省事，而如果孩子不听话，总是四处跑跑跳跳，就很容易陷入危险之中，也导致父母提心吊胆。为此，很多父母潜意识里都希望孩子非常听话，对父母言听计从，一旦孩子有不听话的表现，父母就会严厉地批评和训斥孩子。不可不知的是，父母尽管出于爱和关心才会要求孩子听话，但是，若父母对孩子的限制和禁锢太多，孩子必然陷入束手束脚的状态。因而明智的父母不会以震慑孩子为方式，在孩子面前树立自己的威信，而是会更加耐心地对待孩子，让孩子在父母给他们的爱与自由之中快乐成长。

对于果果，妈妈向来要求严厉，有的时候果果甚至不知道自己哪里做错了，就会被妈妈劈头盖脸数落一通。虽然年幼的果果不知道妈妈

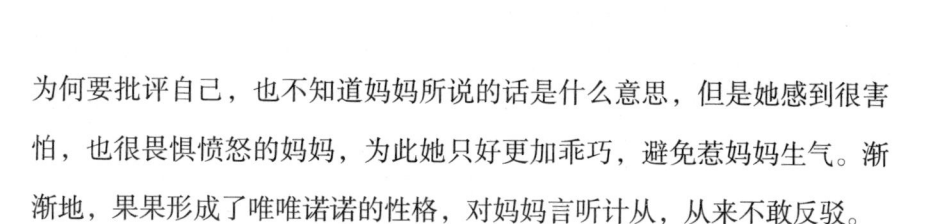

第06章 做好情绪的父母：别让你的脾气催化孩子的叛逆

为何要批评自己，也不知道妈妈所说的话是什么意思，但是她感到很害怕，也很畏惧愤怒的妈妈，为此她只好更加乖巧，避免惹妈妈生气。渐渐地，果果形成了唯唯诺诺的性格，对妈妈言听计从，从来不敢反驳。

有一天晚上，妈妈放水给果果洗澡的时候，因为接了个电话，不小心放了太多的热水。为此，果果和往常一样被妈妈抱入洗澡盆的时候，哇哇大哭。妈妈问果果，果果支支吾吾不敢说，妈妈让果果坐下小心摔倒，果果又不想坐下。直到妈妈用手试到水很烫，才质问果果："你这个傻丫头，水很烫，你怎么不说呢？"果果奶声奶气地说："妈妈，生气。"听到这样的回答，妈妈很后悔，也很心疼果果。

平日里，妈妈对果果太严厉，总是不分青红皂白就批评果果，导致果果很害怕妈妈，即使被烫到，也因为害怕妈妈生气而不敢说。这么听话的孩子，不是父母教育的成功，而是父母教育的悲哀。对于父母而言，如果孩子根本不信任他们，有任何问题也不敢和他们说，他们如何能了解孩子的所思所想、满足孩子的需求呢？

作为父母，我们千万不要期望孩子成为凡事听话的小傻瓜，而应教会孩子独立思考，引导孩子自主解决问题。通常情况下，喜欢控制孩子的父母，都觉得自己是为了孩子好，担心孩子因为年龄限制无法作出最佳的选择，实际上，孩子是独立的生命个体，随着不断成长、逐渐拥有自己的意识和思想，他们当然会在能力范围内为自己负责。如果父母总是管教孩子，不给孩子任何自由选择的空间，渐渐地，孩子已经具备的能力就会退化，其他方面的能力也无法得到发展和提升。对于孩子而言，这当然是很糟糕的。孩子也许一开始无法作出最佳的选择，但是随着渐渐成长，他们从不断尝试中积累经验，表现一定会越来越好。父母要信任孩子，给予孩子更多的成长机会，鼓励孩子勇敢地尝试，这样孩

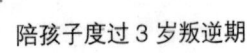

子才能快速成长起来。

## 不要用爱绑架孩子

每一个父母都自诩是这个世界上最爱孩子的人，却不知道他们在不知不觉之间以爱的名义绑架了孩子，限制了孩子自由成长的空间，也给孩子带来了很多的困惑和烦恼。当父母把"我都是为你好"挂在嘴边的时候，孩子一定感到非常苦恼，甚至完全不知道如何拒绝父母的爱。只有他们自己知道，父母的爱对他们而言不知何时已经变成了沉重的负担，让他们感到窒息、无法顺畅地享受自由。通常情况下，打着"为孩子好"的旗号对孩子提出各种苛刻要求的父母，都是控制欲很强的父母，他们不相信孩子，也不认为孩子可以作出最佳的选择和判断，所以才会始终坚持把自己的意愿强加到孩子身上。然而，父母即使再爱孩子，也不可能代替孩子成长，也不可能始终陪伴在孩子身边庇护孩子。孩子终究需要独立面对这个世界，因而明智的父母会尽早对孩子放手，让孩子有自由的空间去成长。

父母要想真正对孩子好，就要了解孩子的身心发展规律，也要知道孩子在特定的成长阶段需要什么。为孩子好，就要给孩子需要的，也要以符合孩子身心发展特点的方式表达对孩子的爱与好。孩子的成长需要全方面的营养，既需要物质方面的营养，也需要心理上的营养，这样才能健康快乐。因此，父母要爱孩子，就要关注到孩子方方面面的需要，而不要总是从自身的角度出发考虑问题，把自认为好的统统强行塞给孩子。

果果不喜欢吃猕猴桃，觉得猕猴桃很酸涩。但是，妈妈知道猕猴桃是维C之王，因而坚决要求果果吃猕猴桃。对于果果爱吃的葡萄，妈妈却控制果果的食用量，每天只给果果少量的葡萄。

果果很害怕强势的妈妈，尤其恐惧生气的妈妈。为此，当妈妈拿出猕猴桃时，尽管果果皱着眉头很不愿意吃，还是勉强吃了一些。但是吃完才没过多久，果果的嘴巴就红肿起来。妈妈紧急带着果果去医院，医生诊断果果过敏了。爸爸得知情况后，抱怨妈妈："她本来就不喜欢吃猕猴桃，为何又要吃呢？"妈妈有些懊悔，自责地说："她是不喜欢吃，但我觉得猕猴桃富含维生素C，就要求她吃，也不知道她过敏啊！"爸爸说："你这个妈妈真是固执，孩子不想吃，你就别逼她，她喜欢吃葡萄也可以补充维生素C啊！"妈妈很自责，一声不吭。

果果爱吃葡萄，葡萄也是营养丰富的水果，妈妈为何坚持让果果多吃猕猴桃呢？其实，就是因为妈妈觉得猕猴桃好，所以强制果果吃猕猴桃。实际上，从营养的角度来说，果果不管是吃猕猴桃还是吃葡萄，都能摄入维生素，都可以摄取丰富的营养素，并不是非要吃猕猴桃。

太多的父母都会强势地对孩子说话，给孩子下达不可抗拒的命令，其实这对于孩子而言并不公平。孩子再小，也有独立的思想意识，父母要真正尊重孩子，发自内心平等对待孩子，而不要一味地要求孩子听话，更不要以"为了你好"绑架孩子。只有循序渐进地培养孩子独立的思维，孩子才能更加独立和自信，未来才会成为人生真正的强者。

## 不要用威胁的手段处理孩子的叛逆行为

面对孩子的叛逆，很多父母在无计可施之余，难免会以强势的手段

威胁孩子，从而逼迫孩子在短时间内就范。其实，威胁孩子尽管可以在短时间内奏效，实际上对于真正地解决问题并没有好处。因为，威胁孩子，父母就是在恃强凌弱，一则会给孩子形成压力，二则也会潜移默化地影响孩子，使得孩子崇尚强权。

三岁的孩子真的如同混世魔王，自我意识不断增强，行动范围不断扩大，最重要的是，他们虽然能听懂父母的话，却不愿意遵从父母的意愿，为此，在面对三岁孩子的为非作歹时，父母往往感到抓狂，无法控制好自己的情绪。如果恰巧此时他们答应孩子要做什么事情，也会为了逼迫孩子就范而行使权力，扬言："你再不听话，我就不带你去动物园了哦""你要是不听话，今晚就不能和妈妈一起睡觉""你长没长耳朵，再不长耳朵就要挨揍了呀"。诸如此类的话也许一开始能收到良好的效果，但随着滥用的次数越来越多，效果会大打折扣。这是因为孩子很善于察言观色，他们马上就会发现父母只会说说这些狠话，发泄一下愤怒，而并不会真的去做。长此以往，父母在孩子心目中的威信全无，孩子更加不把父母的威胁当回事情。

如果父母真的很生气，且经过理智思考后决定要以惩罚的方式惩戒孩子，那么就要真正做到，而不要总是只把话说出来，却从来不会真正去做。毕竟，对于孩子而言，他们不是吓大的，而是长大的，他们有自己的思想和意识，也会察言观色，洞察父母内心真实的想法。

依依是个顽皮的姑娘，甚至比哥哥更加调皮。每到晚上，妈妈都为了睡觉的问题和依依周旋，有的时候，尽管妈妈很生气，依依却不为所动。这不，依依又跑到哥哥的房间里，和哥哥玩，不愿意睡觉。妈妈生气地说："依依，你自己不愿意睡觉就罢了，哥哥明天还要上学呢！你赶紧给我睡觉去！"依依还是蹦蹦跳跳，丝毫不顾及妈妈的想法。

后来，妈妈突然吼道："依依，你再不听话，今天就要自己睡在小房间，不能和妈妈一起睡。"依依最喜欢和妈妈一起睡觉，因而赶紧乖乖地从哥哥床上下来，回到妈妈的房间。这是妈妈第一次威胁依依，效果还算不错。后来，每当依依不睡觉，去哥哥房间里玩，妈妈就会这么说。几次之后，这句话再也不奏效，因为，哪怕依依很调皮，妈妈也还是要和依依一起睡。妈妈无奈，只好绞尽脑汁再想其他办法说服依依。

父母千万不要随随便便就威胁孩子，否则，威胁得次数多了，就不会再起作用。很多父母太轻视孩子察言观色的能力，常常以各种方式威胁孩子，以为孩子早就把上次爸爸妈妈说出来的狠话抛之脑后，实际上，孩子都牢牢记着呢！

根据孩子的心理特点，父母如果能够变换一种方式与孩子沟通，也许就会收到很好的效果。例如，面对孩子的请求，父母可以转移孩子的注意力；面对孩子的无动于衷，父母则可以以更有趣的方式诱惑孩子。总而言之，就是不要轻易使用威胁，否则就会在孩子面前失去威信。若父母在孩子心目中失去权威，可想而知，接下来再想与孩子沟通，效果就会大打折扣。

## 耐心解答孩子的提问

随着语言表达能力的增强，孩子从之前默默无声地探索世界，改变为寻求父母的帮助。当他们遇到不明白的问题或者现象时，就会向父母请求，询问父母原因。从此之后，父母就开始了面对孩子"十万个为什么"的生活。有些父母因为工作忙碌，或者自身所掌握的知识也有限，

常常会被孩子的提问难倒。有的时候，父母感到厌烦，也会拒绝回答孩子的问题，甚至以严厉的语气训斥孩子。对于难以回答的问题，父母会不假思索地对孩子说"小孩子瞎问什么""和你说了你也不懂，等长大你就明白了"。对于父母的回应，孩子未免感到困惑：难道长大之后，就什么都明白了吗？

不可否认，孩子因为心智发展不成熟，人生经验匮乏，所以常常会提出很多雷人的问题问父母。这些问题或者是父母也不知道的，或者是父母羞于向孩子解答的，总之父母是无法回答的。然而，如果父母总是厌烦地拒绝孩子的提问，渐渐地，孩子渴求知识的心就会受到打击，他们提问的热情也会大大减少。从本质上而言，孩子提问，正是求知的一种方式，父母要保护孩子的求知热情，也要最大限度耐心回答孩子的问题。

最近，才三岁的甜甜总是问妈妈一个问题：妈妈，我是从哪里来的？对于这个问题，妈妈受到传统教育观念的影响，总是不好意思直接回答甜甜，因而就搪塞道，"你是从垃圾桶里捡来的。"听到妈妈这么说，甜甜很伤心，有一天从幼儿园放学，直接告诉妈妈不想回家。妈妈不解，甜甜说："我是从垃圾桶里捡来的，还应该回到垃圾桶里去。"听到甜甜的话，妈妈觉得啼笑皆非。

对于甜甜的提问，妈妈的回答简直太愚蠢了。虽然妈妈没有训斥甜甜，但是，以这样的方式回应甜甜对于自身来处的探索，只会伤害甜甜稚嫩的心灵。实际上，三岁的孩子不但对外界充满好奇，他们也会对自己充满好奇。他们想了解自己的来处，也想研究自身的身体构造。例如，他们还会问妈妈，"为什么男孩有小鸡鸡，女孩没有小鸡鸡""女孩的咪咪也会长得和妈妈一样大吗？"。这些问题看起来使人羞臊，实际上只是孩子在探索自身而已。

借助于这个机会，妈妈可以向孩子讲解一些生理构造和常识，也可以借此机会对孩子进行安全意识的灌输。偏偏很多妈妈都受到传统观念的影响，不愿意正面回答孩子这样的问题，也会对孩子的问题采取回避的态度，或者随便以各种不科学的说法敷衍和搪塞过去。不得不说，这对于孩子的成长是极为不利的，也会混淆孩子心中的观念。父母要知道，每个孩子的好奇心都非常强烈，尤其是随着不断成长，他们的活动半径不断扩大，内心深处对于知识的渴求也更为强烈。作为父母，我们一定要保护孩子提问的热情，从而激发孩子更加强烈的求知欲望，并给予孩子最全面的引导和陪伴。

## 不要嘲笑孩子的愚蠢问题

很多孩子因为知识的匮乏，会提出一些愚蠢的问题。在父母看来，这些问题是非常愚蠢的，也不值得担忧，但是孩子稚嫩的心灵并不这么想。在他们心里，那些不值一提的问题非常重要，而且让他们内心焦虑不安。父母不要忽视孩子提出的每一个问题，尤其是当孩子的提问看似无厘头的时候，这些问题背后一定隐藏着孩子深深的担忧，父母要更加重视，认真解答。

现实生活中，每当孩子哭闹不休的时候，很多父母为了在最短的时间内让孩子停止哭泣，会以各种稀奇古怪的说法吓唬孩子。当孩子还小的时候，他们会对父母胡编乱造的威胁信以为真，为此内心忧虑不安。而随着孩子渐渐长大，洞察父母的威胁背后是无奈和软弱无力后，孩子

就会不再信任父母，父母也就此在孩子面前失去威信。对于家庭教育而言，这当然是很糟糕的。

每一个父母都希望孩子安静浅笑，而不希望孩子哭闹不止。所以，当孩子不停地哭泣时，很多父母都会感到心烦，也想要采取各种手段让孩子恢复安静。在孩子哭闹之初，父母也许会耐心地劝说孩子不要哭泣，随着孩子哭声渐大，父母的耐心也消耗殆尽，为此他们会用非常手段对待孩子，或者是批评和训斥孩子，或者是用威胁的方式逼迫孩子马上停止哭泣。殊不知，孩子之所以哭泣，原本就是因为欲望没有得到满足，这种情况下，如果父母还对孩子声色俱厉，孩子一定会更加伤心无助。

有一段时间，妈妈发现依依明显变得很焦虑，尤其是在感冒发烧去医院的时候，她非常抵触和抗拒。其实，从依依小时候，妈妈就有意识地告诉依依，生病要去医院让医生治疗才会好，为此依依还是比较配合去医院的。现在到底怎么了呢？

这天，依依感冒了，妈妈要带依依去医院，依依居然藏在房间里不愿意出来。不管妈妈怎么劝说，依依就是不想去医院。好不容易带着依依到了医院，依依一看到穿白大褂的医生就哭闹不休，简直让妈妈崩溃。后来，妈妈只好让医生开了一些感冒药给依依吃。有一天，妈妈在厨房做饭，从厨房出来的时候，听到依依和哥哥发生了矛盾，哥哥正在恶狠狠地吓唬依依："让你不听话！再不听话，就把你带去医院，让医生给你打针。打针会流很多血，会很痛，还会死掉，就再也看不到爸爸妈妈了。"妈妈听到哥哥话音刚落，依依就发出压抑的声音。妈妈当即冲过去把依依抱在怀里，安抚依依。依依问："妈妈，我会死吗？"妈妈说："依依，每个人都会死，不过那要很久很久以后，变得比奶奶还要老，才会死。而且，医院是治病的地方，是救命的，不是让人死的。"依依用怀疑的眼神看着妈妈，似乎不知道是该听妈妈的还是该听哥哥的。后来，妈妈狠狠地批评了哥哥一顿，并且告诫哥哥再也不许这样吓唬依依。过了很久，依依对医院的恐惧才渐渐消除。

很多孩子都害怕医院，多半是因为怕疼；而事例中，因为哥哥的错误引导，依依对医院的恐惧，则是因为害怕会死去。毫无疑问，哥哥的恐吓让依依畏惧医院，也让依依不愿意配合妈妈去医院看病。实际上，越是年幼的孩子，越是需要安全感。作为父母，我们要给孩子无私的爱和全方位的照顾，帮助孩子建立安全感。

当然，爸爸妈妈即使再爱孩子，也不可能始终陪伴在孩子身边，更不可能密不透风地照顾孩子。孩子在成长的过程中，难免会接受各种信息，其中不乏让他们感到恐惧的信息。带着心中的困惑，孩子会提出一些看似愚蠢的问题，对此，父母一定要引起足够的重视，而不要觉得孩子的问题无关紧要，将孩子的提问抛之脑后，甚至嘲笑孩子的无知。看着孩子渴求知识的眼睛，父母要对自己说出的每一句话负起爱的责任。

## 当警告发生超限效应

为了避免年幼的孩子受到伤害，父母每天最常做的事情就是警告孩子。父母凭着主观的经验和判断，预估某些行为会对孩子造成伤害，为此总是提醒孩子不要做这个、不要做那个，不要接近这种物体、不要接触那种物体。在父母的声声提醒中，孩子一天天成长，他们的好奇心越来越强烈，在求知欲望的驱使下，他们还是忍不住要动手动脚，对于他

们感兴趣的事物展开探索。看到对自己的警告置若罔闻的孩子，父母难免抓狂，尤其是当孩子因为无视父母的警告而受到伤害时，父母更是感到崩溃。

其实，父母忽略了一个事实，那就是父母最重要的是切实保护好孩子，而不是仅仅对孩子提出警告即可。因为孩子的理解能力有限，也缺乏自控力，所以他们无法有的放矢地控制自己的言行举止。在这种情况下，父母一味地警告孩子是不够的，因为孩子无法对自己的言行举止负责，父母还要切实有效地控制孩子的言行，为孩子营造健康的生活环境，这样孩子才能快乐安全地成长。

从心理学的角度来说，若父母频繁地警告孩子，就会发生超限效应。所谓超限效应，就是说当父母对于孩子的警告超过一定的次数时，就会激发起孩子的逆反心理，导致孩子非但不会在父母的警告下收敛言行，反而会变本加厉。在这种情况下，教育的效果只会适得其反。

有段时间，依依特别喜欢爬高上低，总是在家里弹性极佳的真皮沙发上蹦来蹦去，完全把沙发当成了跳跳床。妈妈倒是不心疼沙发，但是她很担心依依会从沙发上掉下来摔伤，为此，妈妈一旦看到依依在蹦跳，就会不停地提醒依依："依依，小心，小心摔下来！"这样的提醒，对于三岁的依依有什么作用呢？很快，妈妈的喋喋不休产生超限效应，依依非但没有因为妈妈的提醒而收敛，反而蹦跳得更高。

有一天，妈妈走向卫生间时，依依突然在客厅发出撕心裂肺的哭声。妈妈赶紧飞奔过去查看依依的情况，这才发现依依侧躺在地上。妈妈扶起依依，依依说自己的右胳膊很疼，妈妈以为依依的胳膊脱臼了，为此带着依依去医院检查。拍完片子，医生说依依的右侧锁骨骨折，妈妈目瞪口呆："怎么会骨折呢？怎么会骨折呢？"医生问妈妈依依是怎么摔下来的,妈妈也没有看到。妈妈告诉医生:"我天天嘴巴都磨破了,提醒她不要蹦跳。"医生笑起来:"三岁的孩子,你指望着她能意识到危险、约束自己吗?"妈妈无语。

医生说得很对,三岁的孩子怎么可能自己意识到危险,从而控制自身的言行呢?他们只知道玩耍,而不具备对自己的行为负责的能力。父母看护孩子绝不是仅须警示孩子这么简单,而是要切实采取措施,保证孩子的安全。

当然,对于还没有发生的危险,父母是可以提醒孩子注意防范的,但是要注意控制提醒的次数,而不要反复提醒孩子,否则在孩子心中就会变成唠叨,导致孩子对于父母心生反感,并产生心理学上的超限效应,反而做出叛逆的行为。所谓凡事皆有度,过度犹不及,父母教育孩子也要控制好力度,否则就会收物极必反的效果。

## 不要教孩子睚眦必报

三岁的孩子更多地在户外活动,他们的主场地从家里转到户外,活动范围越来越大,在此过程中,他们也与更多的人相处。原本,孩子在家里得到父母无微不至的呵护和疼爱,现在要与更多的同龄人相处,难免会与同龄人发生矛盾和争执。对此,父母看到孩子受到伤害,必然心疼,而看到孩子欺负其他小朋友,又会批评和训斥孩子。其实,孩子与孩子之间发生矛盾很快,消除矛盾更快。也许前一刻他们还彼此仇视,相互厮打,后一刻就能够高高兴兴地玩在一起。很多父母比较护犊子,看到孩子受伤马上就会参与到孩子的争吵中去,实际上这是错误的。因

为，也许父母之间为了孩子的事情还在记仇呢，而孩子已经像没事人一样在一起玩了。所以明智的父母不会把孩子的矛盾看得太重，更不会随便参与孩子之间的争执，而会给孩子机会独立处理问题。

还有些父母生怕孩子吃亏，他们虽然知道父母不应该参与孩子之间的矛盾，却会教孩子睚眦必报。然而，什么是吃亏呢？如果孩子因此而养成小心眼的坏习惯，一旦受到别人小小的伤害就马上与人争斗不休，并因此而让自己心情抑郁，这才是真正的吃亏呢！心胸开阔的孩子，尽管吃了一点小亏，自己却不以为然，还能与人为善，所以他们能获得好情绪，愉快地成长。所以明智的父母不会教孩子睚眦必报，而是会让孩子拥有一颗宽容博爱的心。

才和奶奶出去玩了一个小时，果果回来的时候脸上就挂了彩。得知是被其他小朋友揍的，妈妈气得七窍生烟，一边拿出消毒水给果果清理伤口，一边责怪果果："别人打你，你怎么就不知道还手呢？他打你，你也打他，下次他就不敢打你了！看你白长了这么高的个子，胆小鬼，只有被人欺负的份儿。"奶奶看到妈妈这么生气，在一旁解释："孩子小，在一起玩有个磕磕碰碰难免，过几天就好了。"妈妈很生气，一声不吭，且认为奶奶没有保护好果果。

很多父母看到孩子受到伤害，都会非常心疼，也会当即要求孩子打回去。这样的教育方式无疑是错误的。如果孩子受到别人哪怕是无心的伤害也马上打过去，则人际关系必然很恶劣，而且，日久天长，孩子也会养成以暴制暴的坏习惯。父母要帮助孩子正确地认识问题，才能妥善处理问题。

当然，教育孩子一味地忍让，对于孩子的成长同样不利。毕竟有些孩子很霸道，对于胆小怯懦、一味忍让的孩子，他们常常会故意欺负。

把握好是否还手的度，对于孩子来说非常重要。父母要用心地引导孩子，孩子才能把握好其中的度。例如，父母可以告诉孩子："如果别人不小心打到你，不要生气，要宽容。如果别人故意第二次打你，那么就说明他们是恶意的，你可以还手，维护自己的利益，保护自己。"也许孩子太小，还不能准确理解这样的界定标准，对此，父母在日常生活中就要有意识地引导孩子区分故意和不小心，从而帮助孩子掌握与小朋友相处的度。

当然，不管采取怎样的方式解决问题，最终的目的都是希望孩子能够保护好自己。为此，让孩子掌握自我保护的技巧，有效实施自我保护，是最重要的。当孩子以弱小的力量无法保护自己时，父母还要告诉孩子要及时向老师、父母求助，这样才能避免孩子受到更大的伤害。当然，具体情况要具体对待，孩子分析问题和判断问题的能力有限，父母要有意识地提升孩子的能力，教会孩子灵活处理好问题。

## 好情绪的妈妈更能满足孩子

人是感情动物，不管是成人还是孩子，都会受到感情的驱使，也会在生活中因为各种事情而产生复杂的情绪。情绪是有传染性的，一个拥有好情绪的人，不但自身身心愉悦，也会给身边的人带来好情绪。相反，一个人如果情绪很糟糕，就会把这种压抑的感觉传递给身边的人，导致身边的人也觉得郁郁寡欢。尤其是妈妈，每天和孩子亲密相处，如果妈妈的情绪很糟糕，那么孩子也会受到妈妈的影响，变得焦虑不安。反之，如果妈妈的情绪愉悦，则孩子也会心平气和，从而得到感情上的满足，减少叛逆的表现。

细心的妈妈会发现，有的时候孩子会莫名其妙地哭泣，如果妈妈能以平静的情绪面对孩子，则孩子也会很快恢复平静。如果妈妈面对孩子的哭闹也陷入歇斯底里之中，则孩子就会更加暴躁不安。为此，要想处理好孩子的情绪问题，妈妈首先要保持愉悦的情绪，这样才能与孩子进行有效沟通，了解孩子为何哭闹不休。顺畅的沟通，是良好亲子关系的保证，也是家庭教育的基础。

然而，妈妈既要照顾家庭，也要教育孩子，难免觉得心力交瘁，也会时常陷入情绪的旋涡之中无法自拔。在极端情绪的驱使下，妈妈很难做到对孩子始终保持平静愉悦，因此，要想理性对待孩子，也很困难。有些妈妈自诩性格鲜明，脾气暴躁，殊不知，这样轻轻松松说出来的自我总结，会导致妈妈成为孩子的噩梦，也会在不知不觉之间伤害孩子稚嫩的心灵。

恢复工作后，依依妈妈觉得很疲惫，又因为在全职照顾孩子的几年时间里脱离社会，妈妈觉得自己已经被时代甩下了。为此，只有辛苦工作是不够的，妈妈还要保持学习和进取的精神。每天下班后回到家里，妈妈心力交瘁，甚至连说话的力气都没有。但是，看到妈妈回家，已经想念妈妈一整天的依依，只想第一时间扑到妈妈的怀里，和妈妈撒娇，得到妈妈温柔的爱抚。

有一天，妈妈在工作上不顺利，被领导批评，回家之后坐在沙发上连动也不想动，而依依却要求妈妈和她一起跳舞。看到妈妈瘫软在沙发上，依依就爬到妈妈的身上对着妈妈又是拖又是拽，简直不让妈妈安宁片刻。妈妈终于忍不住训斥依依："好啦，走开自己玩，烦死了！"依依感受到妈妈恶劣的情绪，当即大哭起来。妈妈很焦虑，又对着依依的屁股打了两巴掌。结果,依依整个晚上都很闹人,不是哭就是叫,似乎变了个孩子。

依依为何表现如此糟糕呢?就是因为她感受到妈妈的坏情绪,且没有从妈妈那里得到渴望的爱与关照。为此,依依稚嫩的心灵以为妈妈不爱她了,所以失去了安全感,变得紧张焦虑。对于每个孩子而言,妈妈都是他们最值得信任和依赖的人,所以妈妈一定要保持情绪平静和愉悦,这样才能给予孩子更好的成长空间。如果妈妈总是陷入被动焦虑的状态,就会波及孩子的情绪,使得孩子的行为表现都出现很大的异常。

作为妈妈,当发现孩子情绪反常的时候,我们先不要急于批评孩子,而是要首先反思自身。好妈妈一定有好情绪,反之,妈妈的坏情绪则会导致孩子也陷入情绪旋涡无法自拔。当妈妈感受到孩子的叛逆时,要以爱来温暖孩子的心灵,满足孩子对于感情的需求。在妈妈的爱之中,孩子才能恢复平静,才能更加快乐满足。

## 不要把孩子当成人生的全部

在有了孩子之后,很多妈妈都会把生活的重心转移到孩子身上,甚至为此辞掉工作,专心致志当起全职妈妈。然而,因为脱离社会,无法创造自身的价值,也因为养育孩子的身心疲惫,妈妈常常陷入负面情绪之中无法自拔。在这种情况下,如果爸爸能够体谅妈妈的辛苦,让妈妈意识到自己的一切付出都是值得的,妈妈尚且可以平衡自己;而如果爸爸不知道体谅妈妈的辛苦,反而抱怨妈妈不能给家庭创造价值,则妈妈会觉得灰心丧气,并对于自己的付出感到困惑。作为妈妈,我们如何

才能平衡好工作和家庭之间的关系呢？如何才能既兼顾自己的事业又兼顾孩子的教育问题呢？其实，在一个家庭里，如果没有老人帮忙带养孩子，爸爸和妈妈就需要进行合理分工，例如，爸爸负责挣钱养家，妈妈负责照顾家庭教育孩子，倒也是夫唱妇随，幸福和美。当然，作出这样的决定并非简单容易的事情，尤其是当全职妈妈，不但要有强大的内心，也要有爸爸的支持。

因此，在决定是否全职照顾孩子的时候，妈妈一定要与爸爸达成一致，而不要因为爱孩子就完全迷失自我。很多妈妈在全职照顾孩子之后，每天蓬头垢面，既不负责赚钱养家，也不负责貌美如花，虽然很好地承担起照顾孩子的重任，却完全忽略了辛苦打拼的爸爸的感受。如此，在家庭的"三角关系"中，妈妈就无法维持各种关系的微妙平衡。妈妈要认识到，孩子固然重要，但是爸爸也很重要。唯有一家三口各自感到满足，家庭生活才能拥有幸福和美的氛围。很多妈妈在孩子出生之后，就开始和孩子睡在一个房间，而把爸爸赶到一个单独的房间睡觉。殊不知，夫妻关系将在此期间变得疏远，夫妻感情也会渐渐淡漠。试问，如果没有一个幸福美满的家庭，妈妈如何给孩子最好的爱呢？由此可见，家庭幸福是妈妈爱孩子的基础，明智的妈妈会先爱爸爸，再爱孩子，也会先爱自己，让自己成为优秀的妈妈，因为这样才能给予孩子最好的爱。

自从豆豆出生后，妈妈就把爸爸赶到另外的房间睡觉，而和豆豆一起睡在一米八的大床上。一开始，为了方便妈妈照顾豆豆，也因为豆豆夜里总是哭闹，爸爸并没有意见。后来，豆豆渐渐长大，爸爸提出让豆豆睡在旁边的婴儿床，妈妈却总是反对，渐渐地，爸爸和妈妈之间的关系变得微妙起来。

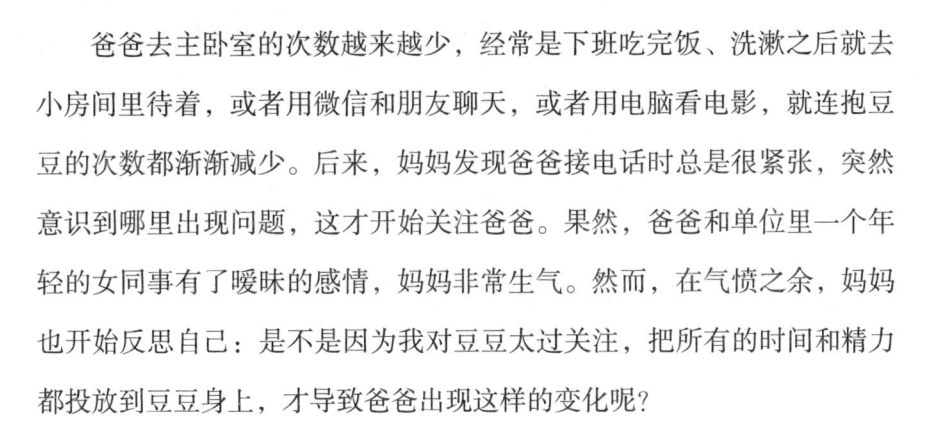

## 第 06 章　做好情绪的父母：别让你的脾气催化孩子的叛逆

爸爸去主卧室的次数越来越少，经常是下班吃完饭、洗漱之后就去小房间里待着，或者用微信和朋友聊天，或者用电脑看电影，就连抱豆豆的次数都渐渐减少。后来，妈妈发现爸爸接电话时总是很紧张，突然意识到哪里出现问题，这才开始关注爸爸。果然，爸爸和单位里一个年轻的女同事有了暧昧的感情，妈妈非常生气。然而，在气愤之余，妈妈也开始反思自己：是不是因为我对豆豆太过关注，把所有的时间和精力都投放到豆豆身上，才导致爸爸出现这样的变化呢？

幸亏妈妈还算敏感，所以及时发现了爸爸的感情动向和异常变化，并及时进行自我反省，维护了这个幸福美满的家。很多妈妈在孩子出生之后，把所有的生活重心都转移到孩子身上，而对于最亲密的爱人反而各种忽视。其实，妈妈即使再爱孩子，也不要对孩子全心付出，毕竟孩子不是妈妈生活的全部。

很多妈妈误以为爸爸是在吃孩子的醋，其实，爸爸有失宠的感觉完全正常。毕竟，在孩子没有出生之前，妈妈关注的焦点在爸爸身上，而随着孩子的出生，爸爸被忽略，自然会产生巨大的心理落差。因此，妈妈一定要记住，即使成为母亲，我们也依然肩负着多重角色，例如，我们还是妻子、女儿，更是自己。除了不要因为孩子的出生而冷落爸爸之外，如果可以，妈妈最好能够继续工作。因为，一个独立自主的妈妈，不但可以保证孩子得到更加优越的生活条件，也可以给孩子树立积极的榜样。

当然，新生命的出生会给家庭结构带来巨大的改变，家庭里的每个成员都要正视这种改变，也要在改变之中找准自己的位置，才能顺应改变，重新调整家庭结构，形成温馨的家庭氛围。不管是爸爸还是妈妈，在家庭生活中都承担着不同的角色，为此一定要彼此理解和宽容，也要最大限度为对方分担忧愁。记住，这个家属于每个人，每个人作为家庭

的一员，都有权利和义务肩负起重要的家庭责任。在此过程中，最重要的是不要忘记彼此包容，彼此理解，彼此相爱，彼此扶持。

## 好妈妈要活到老学到老

现代社会对我们提出了更高的要求，每一位为人父母的人，不但要照顾好家庭，肩负起照顾和教育孩子的重任，还要保持与时俱进的精神，始终坚持学习，活到老，学到老。否则，时代发展的速度如此之快，我们必然被时代的洪流甩下，根本无法为孩子树立积极的榜样，也不能成为孩子的楷模。

在新时代的背景下，妈妈再也不能和以前一样因循守旧地教育孩子，除了要更新教育观念之外，更要与时俱进，提升和完善自己，才能和孩子共同成长。每个人都需要学习，妈妈也不例外。有一个知识渊博、坚持学习的妈妈，才是值得孩子骄傲和自豪的。然而，很多妈妈对于学习都怀有抵触的态度，如果作为职业女性，她们还会因为工作的需要而坚持学习，而作为全职妈妈，她们难免会懈怠下来，错误地认为：我是家庭主妇，现在又不用学习，为何要学习呢？况且，我每天既要照顾家庭，还要教育孩子，早已经累得筋疲力竭，哪里有时间和精力去学习啊？其实，正如大文豪鲁迅先生所说的，时间就像海绵里的水，只要愿挤，总还是有的。妈妈一定要是超人，才能成为全能手，既照顾孩子的成长，也照顾好家庭，此外还要坚持提升自己，才能更好地适应时代发展的需要，成为家庭里的灵魂与核心人物。

甜甜不是很喜欢看书，而是像男孩子一样调皮捣蛋，为此妈妈常常说甜甜投胎错了性别，应该是个皮小子才对。然而，眼看着甜甜就要上幼儿园了，妈妈开始为甜甜进幼儿园作准备，其中第一条就是要收敛甜甜的性子，让甜甜能够专注而又安静。一开始，这项准备工作进展得很困难，因为甜甜习惯了每天吃喝玩乐看电视。为此，妈妈只好掐掉电视线，每天晚上吃完饭洗漱之后，在睡觉前的时间里，妈妈都会捧着书本认真地看书学习。一开始，妈妈看书的时候甜甜会在一旁玩耍，妈妈也不强求甜甜，而是继续看书。渐渐地，甜甜也拿出书本在妈妈身边认真地看，妈妈感到很欣慰，也觉得甜甜的确长大了。

在妈妈潜移默化的影响之下，甜甜越来越热爱学习，终于可以安静而又专注地对着书本，妈妈觉得欣慰极了。

妈妈是孩子最好的榜样，也是孩子的第一任老师。妈妈想让孩子变成心目中的样子，就应该给孩子树立积极的榜样，对孩子起到身教的作用。所谓身教大于言传，当妈妈切实去做时，即使什么也不对孩子说，孩子也会感受到家庭氛围，感受到妈妈身上学习的精神，这样一来，他自然会向妈妈学习。当然，妈妈学习的内容很宽泛，除了提升专业知识和技能之外，还可以学习关于孩子的心理学、教育学，这样在教养孩子的过程中也可以得到理论的指导，从而更加有的放矢。

当然，妈妈还可以学习自己曾经很喜欢也很感兴趣的东西。不管是哪种类型的学习，只要是在学习，就有进步和发展。当然，在孩子学习的时候，妈妈要起到一定的引导作用，从而保证孩子学习正确的内容。但是，不要限定孩子学习什么，因为，对于三岁大小的孩子而言，只要有学习的兴趣，就是最好的。与其逼着孩子学习他们不感兴趣的东西，消耗他们对于学习的热情，不如维护好孩子学习的热情，帮助孩子发展学习的势头，这样孩子的学习才会成为可持续发展的，孩子才会拥有强

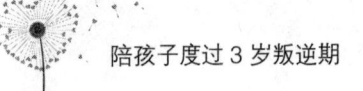

劲的动力。养成良好的学习习惯，不但有利于孩子的成长，也会令孩子的一生受益匪浅。

对于成年人而言，学习完全靠着自觉，毕竟不像在学校里有时间有精力、可以从事系统的学习，而是要面对生活和工作中很多的琐事。也不可否认，照顾孩子是一件非常辛苦的事情，常常让妈妈感到身心憔悴。但是，这一切都不是妈妈拒绝学习的理由，因为，如果妈妈今天不学习，未来必然被时代甩下，甚至，等到有朝一日孩子长大了，他和妈妈沟通的时候都会觉得妈妈out了。作为妈妈，我们若是被孩子嫌弃，岂不是很尴尬吗？

学无止境，即使妈妈已经掌握了很多知识，也应该坚持学习，这不但是为了提升自我，也是为了给孩子更好的教育。一个学识渊博的妈妈和一个闭目塞听的妈妈相比，能够给予孩子的一定截然不同。妈妈每天都在和孩子亲密接触，对于孩子耳濡目染的作用最为巨大。如果妈妈能够在孩子面前认真学习，则孩子也会受到妈妈的影响，更加热爱学习。所以说，爱学习的妈妈能够给予孩子的力量是非常强大的，也必然会给孩子带来积极的推动作用。

# 第 07 章
## 为孩子建立秩序感：
## 用规则约束孩子的叛逆行为

在这个世界上，没有人享有绝对的自由，孩子尽管拥有父母的爱，却也要受到规矩的约束。所谓没有规矩，不成方圆，对于孩子而言，必须有规矩，成长才能更有效率，否则孩子就会像野草一样长得肆意，而失去该有的景色。当然，这并非让父母大刀阔斧地改造孩子，其实孩子有其成长的节奏，父母要顺应孩子的天性，有的放矢地引导孩子，这样才能让孩子拥有秩序感，并形成规矩意识。这样一来，孩子就能够顺利度过叛逆期，也可以在成长过程中有更好的表现。

## 三岁的孩子最爱遵守规则

如果现在有人告诉你,三岁的孩子最爱遵守规矩,你会怎么想?你一定会怀疑自己的耳朵出了毛病,听错了,因为三岁的孩子就像混世魔王一般丝毫不受任何规矩的束缚,怎么会喜欢遵守规矩呢?你还会认为说这话的人或者从未带养过孩子,或者从来不了解孩子,才会这样不负责任地瞎说。但是,你必须知道,从身心发展的特点来看,三岁的孩子的确最爱遵守规矩。当然,前提是父母要有的放矢地引导三岁的孩子,而不要对三岁的孩子完全放手。

说起规则,很多人误以为这都是成年人才需要遵守的,而与孩子无关。作为成人,父母总是要受到社会上各种规矩的束缚,殊不知,不但成人要遵守规则,孩子也同样需要遵守规则。然而,很多成人自身的规则意识就很弱,例如,有人翻越动物园的围栏不小心掉入老虎的地盘,有人在野生动物园里随便下车而无视动物园的规则,也无视老虎凶残的兽性,最终他们都付出了惨重的代价。这是一个需要遵守规则的社会,如果人人都遵守规则,社会就可以按照一定的秩序良性发展。反之,如果人人都不遵守规则,则社会一定会变得一团糟。作为父母,我们要以身作则,遵守规则,这样才能给孩子树立好的榜样;而一旦父母率先破坏规则,则模仿力很强的孩子也会跟随父母无视规则,这不但不利于孩子的成长，也不利于孩子的人生发展。

　　日常生活中有很多小事情都是需要遵守规则的，例如，在超市里结账要排队，不管是行人还是开车都要遵守红绿灯的指示，在公开场合不能大声喧哗等。作为父母，我们不要无视这些规则，而应认真遵守规则，这样才能给孩子树立好榜样。还有很多父母误以为孩子还小，理解能力有限，根本无法遵守很多成人都难以遵守的规则。其实，遵守规则并没有那么难，很多成人之所以无视规则，是因为他们不愿意遵守规则，而并非他们的能力达不到。只要父母认真细致地和孩子讲解规则，并以身示范给孩子树立积极的榜样，年幼的孩子就可以做到遵守规则。所以最重要的在于父母要摆正心态，不要先入为主地认为孩子能力有限无法理解规则，也不要认为孩子会排斥规则，而应相信孩子很乐于遵守规则。

　　从心理学的角度来说，孩子愿意遵守规则，和他们正处于秩序敏感期密切相关。孩子本能地维持秩序，希望自己的生活可以在原则的指引下井然有序，为此他们才愿意遵守规则。这样的本能意愿，使得孩子不会做那些破坏秩序的事情，而愿意从事有利于维持秩序的事情。在秩序井然的生活中，孩子得到更多的安全感，这让他们觉得内心愉悦。很多父母误以为孩子每时每刻都崇尚自由，喜欢自由自在的生活，实则不然，孩子更喜欢按部就班地做很多事情，他们喜欢维持周围的环境，因为熟悉的环境能让他们安心。因此，对于三岁的孩子，父母既要尊重他们在秩序敏感期的需要，也应该借此机会帮助孩子建立规则意识，养成遵守规则的好习惯。当孩子可以遵守规则的时候，父母还应该及时认可孩子的行为，慷慨地表扬孩子，唯有如此，孩子才会有更强的力量去做得更好。

很多细心的父母会发现，当孩子日常生活的秩序被打乱时，孩子就会哭闹不休。面对孩子无缘无故而起的情绪，父母总是丈二和尚摸不着头脑，其实这不是孩子在闹情绪，而是他们因为失去原本的秩序而感到内心焦虑不安。很多父母还不知道孩子处于秩序敏感期，也不知道孩子对于规则的坚持有多么执拗，因而常常以随性面对孩子，导致孩子情绪出现异常。父母要更加用心观察孩子的行为举止，才能有效地维护孩子的秩序，才能帮助孩子遵守规则，这对于孩子保持愉悦的情绪是效果显著的。

在社会生活中，已经建立规则意识的孩子在发现父母不遵守规则的时候，会毫不留情地批评父母，督促父母遵守规则。在这种情况下，有些父母会批评和训斥孩子，很明显，这对于孩子的身心发展是不利的。明智的父母会尊重孩子的规则意识，也会在孩子的监督下遵守规则，从而帮助孩子保持思想认知和行为举止的一致性，以促进孩子的身心发展。

## 帮助孩子分清你的、我的

对于三岁的孩子而言，他们刚刚把自己和外界区分开来，也刚刚形成物权归属意识，因而他们很热衷于霸占各种各样的东西，也会饶有兴致地把看到的一切都据为己有。对于孩子这样的行为，有些父母将其称为"霸道"，也有的父母将其称为"强盗"。其实，孩子既不是"霸道"，也不是"强盗"，而只是因为他们在短时间内只能认定某个东西属于自己，而对于有些东西属于他人没有概念。正因为如此，他们才会

## 第07章　为孩子建立秩序感：用规则约束孩子的叛逆行为

"理直气壮"地把他人的东西据为己有，丝毫不感到愧疚。

要想让孩子形成明确的物权归属意识，就要让他们知道有些东西属于自己，有些东西属于别人，从而准确区分清楚你的、我的。这样一来，孩子才能接受"不能拿别人东西"的规则，并主动遵守这个规则。否则，若孩子对于物权归属很混乱，他们就无法坚持不拿别人的东西，反而会自然地认定别人的东西是他的，所有的东西都是属于他的。由此可见，帮助孩子明确物权所属是很重要的。只有在此基础上，才能对孩子进行物权所属的规则教育。

三岁半的皮皮上幼儿园小班了。妈妈一直忙于工作，很少有时间关心皮皮。有的时候，妈妈晚上加班回到家里，皮皮都已经睡着了。一个周末，妈妈难得在家休息，开始和皮皮一起玩，这时，妈妈发现皮皮的书包里多出了好几个小玩具。妈妈问过奶奶，确定玩具不是奶奶买给皮皮的，便去问皮皮："皮皮，你哪儿来的这个小汽车呢？"皮皮想了想，告诉妈妈："我书包里的。"妈妈又问："你书包里哪来的呢？书包里不会无缘无故多出小汽车啊！"皮皮又认真地想了想说："豆豆带小汽车去学校玩，这是我的小汽车。"听着皮皮颠三倒四的话，妈妈基本确定这是豆豆的小汽车。为此，妈妈教育皮皮："皮皮，这个小汽车是豆豆的，不是你的，你不能拿。周一去幼儿园，带给豆豆，好不好？"皮皮马上把头摇晃得和拨浪鼓一样："这是我的，我的！"妈妈啼笑皆非，和皮皮解释了半天，皮皮还是不明白这个小汽车是豆豆的。

后来，妈妈和豆豆妈妈说明情况，豆豆妈妈无奈地说："我家有的时候也会从幼儿园拿东西回来，明知道是其他小朋友带去的，还说是自己的。"

在这个阶段，孩子进入幼儿园，生活的范围扩大，不但要在家里和父母相处，也要在幼儿园和小朋友相处，因而树立规则意识很重要。当然，对于还不明白规则的孩子，父母要耐心地向他们解释，而不要狠狠地训斥一头雾水的他们。唯有让孩子知道某件东西不是属于他们的，而是属于其他小朋友的，再和他们强调规则，才有效果。

在向孩子阐述规则、帮助孩子树立规则意识的时候，父母还要注意表述的方式。很多父母不了解孩子的思维模式，总是以"不"来向孩子强调不能做什么事情，却不知道孩子不理解"不"的意思，而常常会误解父母的教育，反而更加频繁地去做不能做的事情。因而父母要更加深入地了解孩子的思维模式，从而以有效的方式与孩子沟通，便于孩子理解。

还需要注意的是，整个三岁期间，每个孩子的成长速度是不同的。有的孩子还不能遵守"不能拿别人的东西"这个规则，有些孩子却已经把这个规则奉若圣旨，当这样的两个孩子在一起玩耍时，难免会发生冲突。懂得遵守规则的孩子会表现得很执拗，坚持让别人也和他们一样遵守规则。这种情况下，父母一定要尊重孩子对待规则的态度，并帮助孩子获得平等的对待，而不要指责孩子是狗拿耗子——多管闲事，否则就会让孩子感到困惑。在日常生活中，父母要尽量帮助孩子营造良好的有序环境，引导孩子遵守规则。在这样的坚持之下，孩子才会把遵守规则视为理所当然，并养成遵守规则的好习惯。

## 排队才能玩到玩具

孩子最喜欢的东西就是玩具，通过玩玩具，孩子不但获得乐趣，也可以得到智力上的启发，有益于孩子的成长。为此，很多父母都会给

## 第07章 为孩子建立秩序感：用规则约束孩子的叛逆行为

孩子买玩具，但是，父母是不可能为孩子买来所有玩具的。有的时候，在公共场所，或者是在幼儿园里，当玩具很少，而想玩的孩子很多的时候，又该怎么办呢？

有些孩子凭着本能的驱使，会第一时间想去抢夺玩具。若这样的孩子不止一个，矛盾和争执便在所难免。有的孩子拿到玩具之后，就会一直玩耍，而丝毫不管其他的孩子正在排队。这种情况下，父母或者老师就要帮助孩子建立规则，告诉先拿到玩具的孩子只能玩多久，然后再让还没有玩到玩具的孩子有序排队，并告诉他们：只有排到的小朋友才能玩玩具。

可想而知，在玩具的诱惑下，每个孩子都想获得优先玩玩具的权利。当对玩具爱不释手的时候，他们还会拒绝交出玩具给其他孩子玩。这都是孩子的本性使然，可以理解。不过，孩子既然走出家门，就开始具备更多的社会属性，这也就意味着他们要学会如何和更多的小朋友相处。所以父母要借此机会帮助孩子建立规则意识，让孩子学会有序排队玩玩具。

这个周末，妈妈带着皮皮去小区里的广场上玩。因为正值周末，孩子们都没有去幼儿园，所以在广场上唯一的滑梯那里聚集了很多孩子，他们全都争先恐后地在玩滑梯。皮皮一看到滑梯，也赶紧飞奔过去，也许是玩滑梯心切，皮皮不由分说地推挤站在他前面的一个小朋友，试图插队到前面去。那个小朋友当然也不愿意让，为此和皮皮推搡起来。妈妈赶紧走过去，对皮皮说："皮皮，你看有这么多小朋友都要玩滑梯，必须排队，按照顺序玩，否则就会摔跟头，就会受伤。"妈妈的话显然没有打消皮皮试图排队的念头，妈妈只得再三和皮皮强调要排队。这个时候，又来了几个其他的小朋友，眼看着滑梯这里的秩序很混乱，妈妈当起了秩序维护员,在滑梯的台阶那里维持秩序。等到爬上滑梯的小朋友滑下去,妈妈才抬起挡着滑梯入口的手臂,这样下一个小朋友就可以安全地上滑梯。

渐渐地,皮皮也摸索到门道,很高兴地开始排队。他滑下滑梯,就到队伍的末尾处排着。他和其他小朋友一起排队,还觉得很有趣呢!

孩子的秩序感并非那么容易建立,尤其是在面对美味的食物、好玩的玩具时,孩子难免会因为心急而试图打破秩序,让自己获得优先权。然而,在孩子众多的情况下,这样不遵守秩序的行为很容易导致孩子之间的矛盾和纷争,为此父母要讲道理给孩子听,让孩子知道为什么要遵守秩序。如果孩子听了道理却暂时做不到,那么父母还可以适当地维持秩序,从而让每一个孩子都有序排队。这样一来,孩子就会渐渐地意识到遵守秩序和规则的重要性,也会从被动遵守转化为主动遵守。当玩得高兴时,他们还会乐于遵守秩序和规则呢,因为他们在秩序和规则的允许范围内获得了最大的自由。

要想让孩子遵守秩序,父母首先要遵守秩序,并告诉孩子遵守秩序的必要性。在孩子形成秩序感之后,父母还要告诉孩子先来后到的意思,让孩子知道,自己来得晚,就必须排在来得早的小朋友后面,从而避免孩子的插队行为。当然,父母可以教育自己家的孩子,却不能教育别人家的孩子,当孩子在排队过程中遇到其他孩子插队的情况、想要维护自己的利益时,父母不要喝令孩子忍气吞声,而是可以帮助孩子维持秩序。这样一来,孩子就会更加确认遵守秩序是完全有必要的,也会以身作则遵守秩序,并且会维持秩序。

第07章 为孩子建立秩序感：用规则约束孩子的叛逆行为

## 告诉孩子要远离危险

　　褓褓之中的婴儿必须在妈妈的怀抱之中，而一旦学会走路，孩子感受到自由支配身体的乐趣，就会越来越热衷于探索世界。他们先从认识身边的物品开始，随后活动的范围越来越大，逐渐辐射到整个屋子。到了三岁前后，孩子早已经不满足于在小小的家里活动，他们更热衷于去户外，也很喜欢感受自由自在。然而，更加开阔的户外空间，也就意味着孩子要面临更多的危险，因此，父母一定要对孩子起到监管的作用，随时保证孩子的安全。然而，智者千虑必有一失，孩子是一个可以自由活动的生命个体，哪怕父母思虑周全，也难免会有疏忽的时候。一旦孩子遭遇危险、受到伤害，最心疼的就是父母。那么，如何才能做到更加周到地保护孩子呢？

　　当然，孩子探索世界是为了学习和成长，父母不能为了安全就始终把年幼的孩子关在家里，而应多带着孩子外出，四处走走看看。因此，父母要帮助孩子形成安全意识，经常告诉孩子哪些东西是很危险的、不能触碰，也告诉孩子哪些事情会带来伤害、不能去做。也许一开始孩子不知道危险是什么，因而对于父母的话置若罔闻，有些孩子也会因为好奇心的驱使而非常愿意到处探险。如果一味地说教对孩子不起作用，那么父母还可以适度让孩子感受到危险，或者感受到伤害，这样孩子才能对危险的东西敬而远之。当然，有些危险会给孩子带来不可挽回的伤害和致命的打击，所以父母一定要看好孩子，等到孩子终有一天渐渐长大，可以理解危险的严重性，父母才能放松警惕。

　　总而言之，现实生活中，对于初生牛犊不怕虎的孩子而言，危险无处不在。父母只靠自身力量看守孩子，避免他们接近危险远远不够，只

有让孩子不主动接触危险，这样才能更有效地保证孩子的安全。近些年来，孩子因为无知而导致自己受到伤害的事情时有发生，也成为父母心中不可弥补的遗憾。例如，有些孩子因为触碰热水瓶或者做饭的锅灶导致严重烫伤，有些孩子因为接近高楼之中的窗户而坠楼，还有的孩子不知道水火无情而溺水……这样的事例不胜枚举，不得不说，父母监管不力是导致孩子遭受致命伤害的最根本原因之一。

有一天，妈妈正在厨房做饭，电水壶里正烧着水，这时，皮皮在厨房门口探头探脑。虽然妈妈几次三番告诉皮皮不能进入厨房，因为厨房里不是水电就是火，还有热源，非常危险，但是皮皮显然对于厨房有着强烈的好奇心。

趁着妈妈出去接电话的工夫，皮皮溜进厨房，似乎想用手触摸电水壶。妈妈在厨房门口看到这一幕，决定给皮皮一点教训，让皮皮远离危险。为此，妈妈问皮皮："皮皮，你是不是想摸一摸电水壶？"皮皮点点头。这个时候，电水壶发出警报声，里面的水已经烧开了。妈妈拿起皮皮的手，让皮皮伸出一个手指去摸电水壶。皮皮很高兴妈妈允许他摸电水壶，因而毫不犹豫把手指伸过去。然而，在接触到电水壶的那一刻，皮皮感受到疼痛，他的手指马上变红。他撕心裂肺地哭起来。妈妈说："皮皮，电水壶里有热水，比水壶更热。你是被水壶烫到的，以后千万不要再摸，更不能碰里面的热水，知道吗？"皮皮哭着点点头，从此之后，他再也不对厨房探头探脑了，也不敢触摸厨房里的任何东西。

如果妈妈不给皮皮这个教训，也许以后皮皮趁着妈妈不注意，就会把电水壶打翻，那么后果将会非常严重。看到皮皮终于按捺不住好奇心要触摸电水壶，妈妈意识到危险悄然来临，所以才会狠心地让皮皮伸出一个手指触摸电水壶，也可以说，是妈妈故意把皮皮的这个手指烫红的。妈妈的做法听起来很残忍，不过妈妈正是为了保护皮皮才这么去做，因为这样皮皮就可以切身感受到危险，从而更加约束自己，避免做出危险举动。

孩子对于危险毫无概念，但他们有超强的模仿能力，对于外部世界充满好奇，所以危险对于孩子而言几乎一触即发。在日常生活中，易碎品、化学用品、尖锐物品、易燃易爆物品，水电燃气等，对于孩子而言都意味着危险。作为父母，我们一方面要保管好这些物品，另一方面也要帮助孩子树立危险意识，教会孩子主动远离危险物品，这样才能保证孩子的安全。如今，随着社会的发展，经济水平的提升，楼层越来越高，很多家庭都住在高楼大厦里，当家里有年幼的孩子时，一定要做好防护工作，避免高楼坠落。此外，对于没有成年的孩子，父母也不要因为任何理由把孩子留在家里，而应让孩子随时处于自己的视线范围内，从而保证孩子的安全。总而言之，养育孩子从来不是简单轻松的事情，除了付出时间、精力和财力、物力之外，父母更要用心，才能给孩子更好的陪伴。

## 家要讲温情，也要讲规则

随着不断地成长，孩子身上可爱的因素渐渐减少，而招人讨厌的因素却日益增多。在三岁前后，孩子会变得特别讨人厌，他们表现出各种不受欢迎的言行，如说脏话、故意咬人，对着人吐口水，以狠毒的语言诅咒他人。父母在看到孩子身上出现这些变化的时候，未免感到难以置信：这还是我们认识的那个孩子吗？曾经乖巧可爱的孩子去哪里了，哪

儿来的这个小魔头呢？有的时候，孩子不懂得区分时间场合，在人多的地方也会做出怪异的行为，导致父母感到很难堪，甚至觉得很丢脸。

对于孩子的这些表现，很多父母因为缺乏耐心，都会当即声色俱厉地训斥孩子，试图规范孩子的言行。殊不知，这样的强制方法对孩子来说并不奏效，很多孩子不但对父母的呵斥无动于衷，甚至会变本加厉，做出更过分的举动。这可怎么办呢？作为父母，我们要认识到，三岁大小的孩子出现这样的言行举止是正常的，因为他们的自我意识不断增强，生活半径越来越大，而且他们的逻辑思维能力和语言表达能力都越来越强，这使得他们迫不及待地想要发挥自身的力量，也向他人展示自身的力量。与此同时，孩子还不具备理解他人感受的能力，他们在说脏话的时候看到他人的强烈反应，只会感到兴奋。他们也不了解在生活中需要遵守很多规则，还没有形成规则意识的他们，便会顺理成章地做出不符合社会规则的事情。只有了解孩子的身心发展特点，并知道孩子为何会做出过分的举动，父母才可以有的放矢地教育孩子。

在传统教育观念的影响下，很多父母误以为孩子的这些行为等到长大之后就会消失。其实不然。父母既要给孩子自由成长的空间，也要有意识地引导孩子的行为，这样孩子才能不断地接受教育和引导，并让自己的言行举止更符合社会秩序和行为规范。如果父母任由孩子做出错误的言行，那么，即使等到孩子长大，他也会依然由着自己的心意去做事情，而丝毫不在乎他人的感受，更不会有意识地约束和规范自己的言行举止。在孩子小时候，在家庭生活里，父母在爱孩子的同时，也要对孩子讲规则。这样既可以让所有的家庭成员在规则面前全都平等，也可以以身作则、给孩子树立积极的榜样，还可以潜移默化地影响孩子，帮助孩子形成规则意识。要记住，家不但是讲爱讲情的地方，也是讲规则的

## 第07章 为孩子建立秩序感：用规则约束孩子的叛逆行为

地方。只有有规则的家庭，才能培养出遵守规则的孩子。

妈妈对于依依的管教一直是很宽松的，很多妈妈都会要求孩子定时定量吃饭，也要求孩子坐到餐桌上，但是依依从小就喜欢看动画片，每到吃饭的时候还盯着电视不愿意离开，为此，妈妈就允许依依坐在电视前面的茶几旁吃饭。渐渐地，依依养成坏习惯，每顿饭都都要坐在茶几旁吃，几乎从来不在餐桌旁吃饭。

有一次，妈妈带着依依去参加宴席。在宴席上，依依不愿意坐在远离大屏幕的餐桌旁，而是坚持要坐在靠近大屏幕的那张桌子旁。但是，靠近大屏幕的那张桌子安排的都是妈妈不熟悉的人，为此妈妈很生气，当即把依依拽回来，依依被妈妈控制手脚不好动弹，居然愤怒地朝着妈妈吐口水。当着那么多人的面，妈妈觉得尴尬极了。

平日在家里，妈妈就没有给依依制，规则，更没有引导和督促依依遵守规则，所以依依才会表现得这么肆无忌惮。教育孩子，要想避免尴尬，就要在家庭中给孩子树立规则，而不能等到在人多的场合当众训斥孩子。这样不但孩子表现不好，父母也会因为不恰当的教养方式引人侧目。

生活无小事，如果父母想让孩子未来有更好的表现，就要从家庭生活的点点滴滴入手，给孩子树立积极的榜样，为孩子营造良好的家庭氛围，并帮助孩子学会遵守规则。任何时候，一个彬彬有礼、懂得克制自己的孩子，都会得到他人的喜爱，而一个肆无忌惮、满嘴污言秽语的孩子，是没有人会喜欢的。

当然，除了没有养成好习惯之外，有的时候孩子也会因为特别的原因而出现过激的行为，这种情况下，父母要了解孩子违规的真正原因，而不要一味地训斥孩子。有的时候，孩子的小心思是很缜密的，父母往

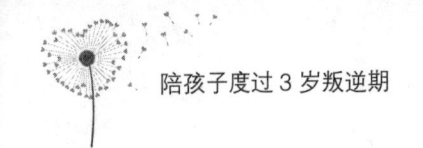

往很难猜测明白，因此，父母要多与孩子沟通，并认真细致地观察孩子，这样才能处理好孩子的问题。

## 换一种方式对孩子说"不"

很多父母都喜欢对孩子说"不"，不由分说地拒绝或者否定孩子，似乎是他们热衷于做的事情。然而，若孩子经常遭到父母的拒绝和否定，他们就会产生逆反心理，也会因此而更加激烈地和父母抗争。这个道理，很多父母都懂，然而，三岁的孩子实在太闹腾，他们就像小小探险家一样在家里上下求索，他们还会走到室外去，丝毫不听父母指挥地跑跳打闹，为此，父母对于三岁的孩子总是情不自禁地说"不"，似乎不说"不"就无以震慑孩子，却不知道说了"不"反而导致孩子更加叛逆。

若父母总是告诫孩子不要做这个、不要碰那个，孩子会更加好奇。有些父母为了保证孩子的安全，还会把孩子捆绑在自己的身边，他们或者紧紧拉着孩子的手，或者对孩子亦步亦趋，或者把孩子圈养在家里。然而，喜欢自由地活动是孩子的天性，没有人能改变孩子的天性。若父母说太多的"不"，就会超过孩子的心理限度，导致孩子产生超限效应，如此一来，孩子就会对父母的"不"无动于衷了。

父母为何总是限制孩子呢？看起来，父母是对孩子的安全负责，实际上父母是因为不信任孩子，才会处处限制孩子。细心的父母会发现，父母越是说不，孩子越是与父母对着干，有些孩子明目张胆地与父母作对，有些孩子趁着父母不注意做自己想做的事情。总而言之，他们根本

## 第07章 为孩子建立秩序感：用规则约束孩子的叛逆行为

不愿意对父母言听计从。这种情况下，父母会发现语言失去效力，也会因为孩子的叛逆和不听话而心力交瘁。殊不知，三岁的孩子不乖是正常的，太乖反而是不正常的。

从心理学的角度而言，三岁的孩子自我意识不断增强，也具备了自由行动的能力，所以他们更愿意把自己与他人区别开来，也想发挥自身的力量主宰自己，探索外部世界。为此，父母要想让孩子能够顺从，就不要再以"不"生硬地禁锢孩子，而应换一种孩子更容易接受的方式，积极地引导孩子，这样才能有效地与孩子沟通。此外，孩子因为思维的特点，往往会对"不要做什么"有所误解，反而会因为受到心理暗示的作用，对于父母禁止做的事情更加乐此不疲。为此，父母要采取正面表达的方式与孩子沟通，而不要总是以否定的方式限制孩子。

有一天，三岁的甜甜正在吃饭，妈妈对甜甜说："甜甜，小心哦，不要把饭弄洒。"听到这句话，原本乖乖吃饭的甜甜马上抗拒起来，生气地对妈妈辩解："我没有把饭弄洒。"妈妈有些无奈，解释道："我是提醒你不要把饭弄洒，没有说你已经弄洒。"显而易见，妈妈这如同绕口令一样的话超出了甜甜的理解范围，甜甜气得哭起来："我没有弄洒，没有弄洒。"

正说着，甜甜因为情绪激动而挥手蹬脚，结果真的把饭打洒了。

妈妈说"不要把饭弄洒"，孩子独特的思维方式和理解能力，使得甜甜误以为妈妈说她"把饭弄洒"，为此才会情绪激动，并挥手蹬脚，结果真的把饭弄洒，导致妈妈很生气。其实，妈妈如果换一种方式表达，避免对甜甜说"不"，而是告诉甜甜"认真吃饭"，那么就不会发生接下来的事情，甜甜也会很认真地把饭吃完。

学会对孩子正面表达，这是每一位父母都要掌握的与孩子沟通的

技巧。否则，父母越是说不让孩子做什么，孩子反而更加兴致盎然地去做，如何对孩子起到教育和劝说的作用呢？当孩子在超市里跑来跑去的时候，与其对孩子说"不要跑来跑去"，不如邀请孩子"你来和妈妈一起推车吧"效果更好。同样的意思，通过不同的表达方式，会对孩子起到不同的作用，这是父母在与孩子沟通的时候应该多多注意的。

## 第08章
好孩子是教出来的：
叛逆期要更注意孩子的性格和习惯养成问题

要想培养孩子的好性格，让孩子拥有好习惯，父母就要耐心地教养孩子，有的放矢地纠正孩子错误的行为习惯，并引导孩子端正人生态度，形成好性格。对于孩子的塑造，需要精雕细琢，该放手的时候放手，该严格管教的时候严格管教，唯有宽严适度、恩威并施，才能让孩子在父母的爱与教养之中健康快乐地成长。

## 让孩子学会主宰情绪

几乎每一个父母在养育孩子的过程中都会遇到一个让他们抓狂的问题,那就是孩子的哭闹。这是因为每个孩子都会哭,哭是孩子的语言,也是孩子的天性。刚出生的孩子在任何欲望得不到满足的情况下,都会以哭声宣告自己的主权,也会以哭声提醒父母更多地关注他们。当然,对此,父母知道哭闹是孩子的语言,因此还能勉强忍受孩子的哭闹。然而,随着孩子的年龄渐渐增长,孩子更有主见,也带有更强烈的情绪,因而也渐渐学会以哭闹来要挟父母。在这种情况下,父母难免会失去耐心,也会因为无法有效控制孩子的情绪而感到万分紧张和焦虑。特别是在孩子的情绪更加失控的情况下,父母更是会对孩子歇斯底里。其实,要想让孩子学会主宰情绪,父母首先要保持情绪的平静,能够主宰情绪,这样,孩子才能在父母的平静愉悦之中获得力量,并循序渐进地学会主宰情绪。

其实,孩子闹情绪完全是正常现象,成人尚且会出现情绪波动,更何况孩子呢?对于孩子而言,发脾气完全是他们在成长过程中遇到不愉快事情的情绪反应,是完全正常的。父母要想引导孩子缓解情绪,就要了解孩子情绪背后的原因,也要有的放矢地培养孩子的自控力。否则,如果孩子始终任由自身的情绪陷入暴躁盛怒之中,他们就会越来越感到

## 第 08 章　好孩子是教出来的：叛逆期要更注意孩子的性格和习惯养成问题

沮丧和绝望，也会受到情绪的驱使，即使长大成人后，也总是屈服于情绪，而无法有的放矢地主宰和控制情绪。

尤其是三岁的孩子，他们正处于人生中的第一个叛逆期，因此更容易情绪冲动，脾气暴躁。父母尽管要理解孩子的坏情绪，也要洞察孩子为何会情绪冲动，如此才能疏导孩子的情绪。当孩子知道在哭闹之外还有其他方式可以缓解情绪之后，就会采取更为合理的方式发泄怒气，也会控制好自己，从而合理解决问题。

当然，要让孩子戒掉坏脾气，并非一件简单容易的事情。首先，父母要保持镇定，这样才能以平静的情绪感染孩子，才能让孩子更加从容。否则，父母的激动情绪只会导致孩子越来越暴躁，甚至导致孩子情绪失控。此外，当父母对于孩子的情绪波动采取镇定的态度时，也可以给孩子一定的时间缓解情绪，帮助他恢复理智和冷静。其次，当孩子提出无理要求的时候，父母要以温和而坚定的态度对孩子表示拒绝，这样一则可以让孩子感受到父母的尊重，二则也可以让孩子感受到父母的态度，从而断绝心中不切实际的想法。这个阶段，如果孩子已经恢复平静，则父母可以采取转移注意力的方式，和孩子谈起轻松的话题。最后，父母要真心诚意帮助孩子解决问题，给孩子提出合理的解决方案和参考意见，这样一来，困扰孩子的问题得以解决，孩子自然也就不会歇斯底里，更不会继续以肆无忌惮的方式哭闹。

每个父母都很了解孩子，如果父母能够提前意识到孩子要哭泣，则可以提前对孩子进行警告，让孩子知道哭闹的严重后果。这样一来，孩子意识到哭闹并不能解决问题，反而会导致问题更加无法挽回和弥补，则他们也会进行利弊权衡，从而控制自身的言行。尤其是对于那些行为举止还没有形成模式化的孩子而言，这样的未雨绸缪效果显著，可以让

他们有的放矢地改善自身的行为举止，从而防范于未然。

父母越早地找到与孩子沟通的有效方法，越能够减少孩子哭闹的次数，且可以循序渐进地增强孩子控制情绪的能力，让孩子学会有效控制情绪。需要注意的是，父母要接纳孩子的哭闹，这就像是全盘接受孩子的成长一样，对于孩子有很大的好处。当然，父母首先要控制好自身的情绪，对孩子的教育才能水到渠成，进展顺利。

## 多多鼓励胆小怯懦的孩子

从天性的角度而言，每个孩子都是一个非常勇敢的冒险家，他们初生牛犊不怕虎，又对外部世界有着强烈好奇和兴趣，因而更愿意张开双臂去拥抱这个世界。但是，随着不断成长，孩子为何反而胆子越来越小，不管做什么事情，只要有难度，他们都第一时间表现出畏缩的样子呢？这是因为，在后天成长的过程中，孩子得到父母无微不至的照顾，也从来不为生活而忧愁，所以他们才会越发胆小怯懦。作为父母，我们一定要多多鼓励胆小怯懦的孩子，这样孩子才会更加大胆，才会更加勇敢。

细心的父母会发现，现实生活中，有很多孩子非常勇敢，而有很多孩子则非常胆怯，除了天性的影响之外，孩子主要是受到家庭教育的影响，才形成了两种截然不同的性格。作为父母，我们要给孩子尽量自由的环境，也要创造条件让孩子发挥勇气，这样孩子才能更加勇敢无畏。否则，父母不当的爱就会对孩子产生限制和禁锢的作用，也会导致孩子在成长的道路中不断地畏缩。如果能让环绕着孩子的爱随着孩子渐渐成

第 08 章　好孩子是教出来的：叛逆期要更注意孩子的性格和习惯养成问题

长而变成对孩子的推动力，则对于孩子的成长是有益的，也会对孩子的成长起到积极的作用。

在西方国家，孩子往往非常自信，这是因为国外的父母给予孩子更多自由成长的空间，也会在孩子力所能及的时候让孩子做相应的事情。对于生活中的很多事情，孩子也许第一次做不好，但是只要尝试的次数变得多了，孩子的经验就会不断增加，能力也会持续增强，这样一来，孩子当然会在成长道理上勇往直前、无所畏惧。为此，父母要把握好爱的度，以最合适的方式爱孩子，这样孩子才会不断地成长，持续地前进，才会在人生的道路上砥砺前行。

与过分溺爱孩子的父母相反，很多父母对于孩子不闻不问，导致孩子在成长的道路上缺乏有效的引导，常常陷入被动的状态。虽然孩子需要爱与自由，但是孩子更需要父母理性的引导和帮助。毕竟孩子在还小，心智发育不成熟，也缺乏人生的经验，所以在很多方面都离不开父母的辅助作用。父母是赞赏和激励孩子，还是否定和批评孩子，对于孩子而言所起的作用是截然不同的。

这个暑假，妈妈安排豆豆学习游泳。因此，每天，豆豆都会和妈妈一起去游泳馆。为了保证豆豆的安全，妈妈也会换上泳衣泳裤，和豆豆一起进入游泳池，在一旁看护豆豆。有一天，妈妈正在和另一个妈妈闲谈，一扭头，突然看到豆豆正站在跳台上往下看。妈妈不由得大惊失色，当即大声喊道："豆豆，你在干什么？"其实那个跳台不是很高，大概两米，但是对于三岁的孩子而言还是显得很高，为此豆豆很犹豫。其实，豆豆是看到教练前几天教另外几个学习比较早的孩子跳水，所以才会迟疑地站在跳台前的。但是在听到妈妈惊惧的叫声之后，豆豆当即感到很害怕，马上从跳台下走下来。

一个多月后，豆豆的学习进入跳水阶段，虽然同班的孩子都勇敢地跳下去，虽然教练就在水里张开双臂等着呢，但是豆豆无论如何也不敢往下跳。

豆豆为何不敢跳水呢？一定是妈妈当时的过激反应给豆豆留下了深刻的印象，导致豆豆对于跳水很恐惧。其实，孩子原本是很胆大的，就是因为父母对于孩子言行举止的不当反应方式，才导致孩子的胆子变得越来越小，使得他们对于原本敢于去做的事情也变得很犹豫，根本不敢去做。

在家庭教育中，父母一则要保证孩子的安全，避免孩子因为无知而做出出格的事情，另外一方面也要有的放矢地教育孩子，给予孩子更好的成长机会，这样孩子才能渐渐地成长，最终获得更好的发展。否则，父母的担忧和溺爱就会限制和禁锢孩子，导致孩子变得越来越胆怯，畏难心理日益严重。这样一来，孩子当然会陷入被动的情况之中无法自拔，也会在成长过程中变得焦虑不安。

## 尊重和民主让孩子勇于坚持主见

很多父母在夸孩子的时候，都会说孩子很"乖"。殊不知，孩子太乖并不是一件好事情，反而会因此而封闭自己的内心，导致自己陷入被动的成长状态。孩子太乖，是因为孩子太渴望得到父母的认可和赞赏，也意味着孩子缺乏自己的主见，总是为了迎合别人而做很多事情。在这样的成长过程中，孩子会失去个性，渐渐地变得很无助。如果说孩子小时候还可以依赖父母为他们拿主意，那么，随着渐渐成长，孩子就会变

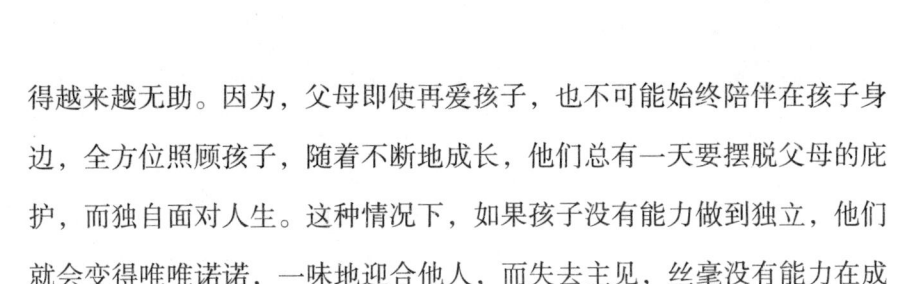

## 第08章 好孩子是教出来的：叛逆期要更注意孩子的性格和习惯养成问题

得越来越无助。因为，父母即使再爱孩子，也不可能始终陪伴在孩子身边，全方位照顾孩子，随着不断地成长，他们总有一天要摆脱父母的庇护，而独自面对人生。这种情况下，如果孩子没有能力做到独立，他们就会变得唯唯诺诺，一味地迎合他人，而失去主见，丝毫没有能力在成长过程中为自己的人生做主、成为命运的主宰。

那么，作为父母，我们如何才能培养孩子的独立意识，让孩子形成主见呢？首先，父母不要对孩子搞一言堂。很多父母总是高高在上，以父母的权威压制孩子。殊不知，对于孩子而言，若他们习惯了听父母的话，也就会更加在乎别人的话。如今，很多男孩被称为"妈宝"，这种贬义色彩的称呼就是在说这个男孩缺少主见。真正的男子汉，是可以为自己的很多事情做主的，而无须凡事都听从妈妈的建议。其次，父母要为孩子营造民主的家庭氛围。除了不搞一言堂之外，父母要认识到孩子是家庭的一分子，对于家庭里的很多事务其实都享有参与的权利。因此，在遇到孩子可以参与决策的事情时，父母不如征求孩子的意见，如果孩子的意见很合理，父母还可以参考和采纳孩子的意见。渐渐地，孩子就会感受到自己在家庭生活中被重视，也会觉得自己被父母关注和认可，这样一来，他们自然会承担起小主人的责任和义务。最后，父母不要总是夸赞孩子乖巧，否则就会对孩子形成消极的心理暗示，导致孩子为了得到父母的赞赏而更加乖巧听话。长此以往，孩子必然失去主见，也会更加依赖和听从父母的话。

在孩子小时候，听话的孩子的确让父母很省心，因为这样一来，父母就可以放心地对孩子发号施令，也不担心孩子违背父母的意愿做出出格的事情。然而，从孩子成长的长远角度来看，过分听话并不是好事，有朝一日父母老去，需要依赖孩子生存，孩子却根本无法作为父母的依

靠，也根本支撑不起属于自己的人生，这当然是很让父母担忧的，对于孩子的人生来说也是十分糟糕的。因此，父母在评价孩子的时候，要把握好一定的原则和标准。孩子乖固然是好事，但是孩子过分乖巧就会导致其缺乏主见。所以，父母固然可以为孩子的乖巧感到高兴，但是，在看到孩子过分乖巧的时候，也要多多留心。一旦发现孩子有缺乏主见的表现，就要有的放矢地引导孩子，给孩子机会发表自己的主见。这样，孩子才会在父母的引导下更加健康快乐地成长。

德国的一位心理学家曾经针对孩子的行为表现进行研究，在众多被试者之中，心理学家发现，那些表现出明显叛逆行为的孩子，长大之后大多都有主见，也敢于承担责任。相反，那些从不叛逆、总是对父母言听计从的孩子，长大之后总是没有主见，且对于父母唯唯诺诺。所以父母不要要求孩子总是很乖巧，而应有的放矢地引导孩子健康快乐地成长。唯有如此，孩子才能有主见，才能有自己的思想和意识，从而成为独立的生命个体。

开学没多久，老师就发出通知让父母在特定时间参加家长会。和孩子有关系的事情，小荷妈妈总是非常重视，为此她特意请假去学校里开家长会。在家长会上，老师说了很多孩子的特点，例如，有的孩子活泼好动，有些孩子安静稳重，有些孩子沉稳内向，有些孩子话很多，唯独说小荷非常乖巧。在家长会即将结束时，妈妈与其他家长展开交流，自豪地说小荷总是很听话，那些家有顽皮孩子的家长都一脸羡慕地看着妈妈。

此时，老师特意来到小荷妈妈面前，对小荷妈妈说："小荷妈妈，小荷的确很乖巧，不过我总觉得她的表现和年纪不相符。她特别安静，而且对于任何问题都不发表看法。我觉得她缺乏主见。您平日里可以

## 第08章　好孩子是教出来的：叛逆期要更注意孩子的性格和习惯养成问题

注重培养孩子的主见，对于三岁的孩子而言，即使有些叛逆也是正常的。"妈妈听了老师的话，原本的骄傲消失了，反而变得忧心忡忡，被老师这么一说，她的确觉得小荷很没有主见。

孩子过分乖巧，缺乏主见，长大成人之后也会表现出唯唯诺诺的性格特征。要想避免孩子缺乏主见，父母就要在孩子小时候有意识地引导孩子形成主见，并为孩子营造和谐民主的家庭氛围，这样孩子在成长过程中才敢于表达自己的内心，才敢于说出自己的真实想法。其实，每个孩子都是初生牛犊不怕虎，勇敢胆大，早在两三岁前后，就会萌生出自我意识。作为父母，我们一定要有的放矢地引导孩子，而不要总是不分青红皂白就限制和禁锢孩子，否则只会使孩子感到困惑，产生误解，也会使得孩子在人生的道路上误入歧途。

老师说得没错，孩子的天性就是爱自由，尤其是年幼的孩子，更是顺应天性地发展，而丝毫不懂得掩饰自己。因此，如果孩子表现出沉默寡言、唯唯诺诺的样子，父母一定要引起重视，也要抓紧时间，在孩子的塑性期，就有的放矢地塑造孩子的性格，发展孩子的天性。除了要尊重孩子、给予孩子表达的自由和权利之外，父母还可以创造机会让孩子表达意见、发表主见，在父母的尊重与平等对待之下，孩子的自我意识会发展得更好。父母还要注意，对于孩子不要过度溺爱。否则，若孩子习惯了接受父母无微不至的照顾，且总是依赖父母，自然不愿意动脑筋以自己的方式解决问题。其实，培养孩子独立自主的个性，就要发自内心尊重和平等对待孩子，也要找到合适的方式与孩子沟通和相处。记住，父母可以引导和帮助孩子，但是，对于孩子有能力独立解决的问题，父母一定不要全权代替去做。所谓不经历无以成经验，对于孩子而言，唯有真正经历，才可以积累经验，不断地成长和进步。

## 转移注意力，有效改善孩子的固执

处于三岁叛逆期的孩子表现得很逆反，而且非常固执，有些时候，孩子的固执甚至可以用执拗来形容。眼看着丝毫不懂得妥协的孩子坚持自己错误的想法和做法，父母不管怎么解释都行不通，简直觉得抓狂。其实，孩子不是故意与父母作对的，而是因为他们正处于自我意识不断发展和觉醒的阶段，所以他们更希望把自己与外界区分开来，也希望可以强调自己的主观意识，让自己变得更加独立自主。

面对孩子的特别叛逆和执拗，父母如果短时间内无法说服孩子作出正确的选择，那么不妨先采取短期手段，最快速地收到相应的效果，即转移孩子的注意力。孩子的注意力很容易转移，只要父母找到孩子感兴趣的事情，孩子就会被转移注意力。这样一来，他们对于原本很执拗要做的事情也会暂时放弃。

从父母的角度而言，转移孩子的注意力，不去和孩子以硬碰硬，就相当于以退为进。很多父母误以为孩子还小，没有那么强烈的自我意识，却不知道孩子虽然小，却有着自己的想法和主见，而且他们很爱面子。所以父母千万不要忽视孩子的主见，而应真正尊重和平等对待孩子。孩子虽小，感知力也很强，他们会感受到父母对他们的态度，也会因此以不同的态度对待父母。为此，父母要真正发自内心地尊重孩子，也要做到平等对待孩子。

甜甜是个很倔强的女孩，最近她特别喜欢一件白纱裙，因此每天都要穿着白纱裙。天气热，甜甜不愿意替换其他的裙子，裙子很快就脏了，而且散发出难闻的馊味。但是甜甜依然不愿意换衣服，因为她的心里有一个公主梦，希望自己穿上白纱裙就变成了公主。

## 第08章　好孩子是教出来的：叛逆期要更注意孩子的性格和习惯养成问题

有一天晚上，妈妈趁着甜甜睡着了，赶紧把裙子藏起来，准备等到甜甜去幼儿园上学的时候洗。早晨甜甜起床，看到裙子不见了，很伤心。妈妈告诉甜甜："有可能是被小偷偷走了，晚些时候，妈妈再给你买一件，好不好？"甜甜很伤心地哭泣，对于妈妈的话充耳不闻，只顾着想念白纱裙。妈妈又给甜甜拿出来一件漂亮的裙子，甜甜却不愿意穿。这个时候，妈妈对甜甜说："甜甜，你说为何会有小偷呢？咱们怎么才能抓住小偷呢？或者怎么才能把裙子收好？这样下次就不会丢了。"听到妈妈提出一连串的问题，甜甜很惊讶，马上陷入思考，还想出好几个方案提供给妈妈，同时也就把白纱裙不见了的事情抛之脑后了。

如果妈妈不能成功转移甜甜的注意力，那么，按照此前几次三番劝说甜甜穿其他裙子都未果的情况，甜甜一定还会为突然不见了的裙子感到很伤心。其实，三岁的孩子出现固执的情况很正常，如果父母不能合理劝说孩子，也可以以这种转移注意力的方式调整孩子的心态。这样往往能收到立竿见影的效果。

对于执拗的孩子，父母不要只想着说服孩子，而应给孩子台阶下，从而潜移默化地转移孩子的注意力，或者让孩子就坡下驴。有些孩子自尊心很强，他们即使知道自己错了，也不愿意改变，而是要和父母较劲。所以父母就要在亲子关系中摆出高姿态，哪怕暂时退让，也是可行的。大多数三岁的孩子心思都很简单，他们只顾着完成自己该做的事情，或者只顾着满足自己的心愿，而无法想得更加周到充分。在这种情况下，父母不要一味地和孩子较劲，也不要强迫孩子必须接受父母的主见，而是可以潜移默化地引导孩子，循序渐进地改变孩子。给孩子提供更多的选择，孩子才不会一直坚持错误的做法，才有可能主动改变和调

整自己。

## 孩子为何喜欢打人

三岁的孩子常常出现攻击的行为，这是为什么呢？一则是因为孩子不知道如何表达自己对他人的喜爱，为了引起他人的关注，他们就会采取打人、咬人的方式；二则是因为孩子感受到威胁，他们的自我保护意识被激发出来，所以就会采取措施对他人进行攻击，或者先发制人，或者后发制人，在这种情况下，孩子就是以打人的方式来发泄愤怒。不管是出于对他人的喜爱，还是因为对他人的愤怒，孩子其实都在通过打人的方式表达自己的情绪。需要注意的是，三岁的孩子很少会有意识地攻击他人，他们是因为内心脆弱，为了保护自己，才采取暴力的方式捍卫自己的权利。

作为父母，对于孩子打人的情况，我们不要随随便便就断定孩子是思想狭隘，也不要判定孩子打人是品行恶劣。父母唯有洞察孩子异常行为背后的原因，才能有的放矢地引导孩子，才能让自己对孩子的教育收到最佳的效果。若孩子学会以其他的方式表达自己对其他孩子的喜爱或者愤怒感情，那么他们就不会再以打人的方式与其他孩子相处。

有些父母误以为只有三岁的男孩才会出现暴力行为，其实三岁的女孩同样会表现出暴力行为。这是因为，不管是男孩还是女孩，他们都有感情，都会产生各种激动的情绪。因此，父母不但要引导男孩正确表达情绪，也要引导女孩正确表达情绪。同时，孩子三岁时，正处于自我意识发展期，他们难免心中焦虑不安。而且，因为心智发育不成熟，他们

## 第08章 好孩子是教出来的：叛逆期要更注意孩子的性格和习惯养成问题

对于生活中发生的很多情况也无法做到有的放矢地解决问题。为此，父母要想疏导孩子的情绪，就要有的放矢地引导孩子学会辨别是非，也要教会孩子解决问题的方式。

在家里，甜甜得到了家人无微不至的照顾，进入幼儿园之后，她也表现出很强势的性格。有一天，甜甜正在玩一个玩具，有个小朋友突然走上来，想争夺甜甜的玩具。甜甜抱住玩具不愿意撒手，那个小朋友也是霸道惯了，于是就来抢夺。甜甜感受到威胁，在老师还没有赶过来处理问题的时候，扬起手就开始打那个小朋友的脸。小朋友受到攻击，马上哇哇大哭起来。

老师听到哭声赶紧过来处理情况，问甜甜："甜甜，你为什么打小朋友呢？"甜甜生气地说："这是我的，我的！"老师这才明白原来小朋友之间因为玩具发生争夺。为此，老师耐心地向小朋友解释："宝贝，你如果想玩玩具，要等先玩的人玩过之后才能玩，或者，你也可以和先玩的小朋友一起玩。不过你要问问先玩的小朋友'我可以和你一起玩吗'，等人家同意才可以，好吗？"小朋友对老师的话不是很明白，还是哭着要玩玩具。老师只好转而对甜甜说："甜甜，玩具是每个小朋友都可以玩的，你愿意和小朋友一起玩吗？"甜甜还是气鼓鼓地说："这是我的，我的！"无奈，老师找了其他玩具给那个小朋友玩。在后来的教育中，老师有的放矢地组织孩子合作玩玩具，渐渐地，孩子们分享的意识越来越强。

对于孩子来说，当属于自己的东西有可能被他人抢走时，他们一定会感到非常郁闷，也会为此感到着急。正因为如此，甜甜在情急之下打了小朋友。其实，在三岁大小的孩子一起玩的时候，这样的情况时有发生，并不罕见。对此，父母或者老师要循序渐进地引导孩子们在一起

玩，渐渐地帮助孩子们养成相互合作的好习惯，这样孩子们才会更懂得分享，更愿意分享。还需要注意的是，有些孩子在成长过程中得到父母无微不至的照顾，在家庭生活中总是独自享有美味的食物和有趣的玩具，为此他们很容易误以为一切都是属于自己的，也会在不知不觉中形成以自我为中心的思想。为此，在日常教育中，父母不要总是骄纵宠溺孩子，而应有的放矢地引导孩子学会分享，唯有如此，孩子在三岁前后进入幼儿园接触更多的小朋友时，才能与小朋友更和谐融洽地相处。

此外，父母还要引导孩子学会控制情绪。从心理学的角度来说，孩子面对一件使他们愤怒的事情时，是笑一笑走开，还是挥手与对方动武，只是一念之间的事情。如果父母能够帮助孩子在事情发生的第一时间内缓和情绪，则孩子就有时间镇定自己，也可以选择更为理智的举动。为此，父母在日常生活中要为孩子树立榜样，告诉孩子武力并不能解决问题，反而会使事情变得更加糟糕。此外，父母还要培养孩子的自信心，因为从心理学的角度而言，缺乏自信的人更容易使用武力来解决问题，以掩饰他们虚弱的内心。

## 专注是孩子必不可少的能力之一

孩子在成长的过程中要形成各种优秀的品质，才能获得更好的成长和发展。但是，对于年幼的孩子而言，他们的自我约束能力还没有发展起来，所以他们很难在长时间内保持专注。为此，幼儿园里的孩子们上一节课的时间只有十几分钟，在小学低年级阶段，每节课尽管有四十分钟，但是有经验的老师则会抓住前十五到二十分钟时间给孩子们讲述重

## 第08章 好孩子是教出来的：叛逆期要更注意孩子的性格和习惯养成问题

要的新知识和内容，因为这样可以抓住孩子们注意力集中的时间，给孩子最有效的教育和指导。

随着渐渐成长，孩子们需要学习的东西越来越多，因此，也可以说专注力是孩子必不可少的能力之一。在有些家庭中，当孩子在学习上表现出劣势的时候，父母就会对孩子的成长感到焦虑，这个时候才意识到专注力对孩子学习的重要性。其实，孩子不会天生就有专注力，而要在后天培养。要想让孩子形成专注力，父母就要在教养中有意识地培养孩子的专注力，并给予孩子最佳的成长环境。

松松是个特别好动的男孩，才进入幼儿园小班半个月，他就度过了适应期，表现出真实面目。老师对于松松简直感到无奈——有的时候，正在上课，其他小朋友都可以乖乖地坐在板凳上，松松却站起来随意走动。尤其是中午午休的时候，松松更是在脱掉衣服之后上蹿下跳，不但影响其他孩子午休，自己也冻得流鼻涕。

为此，老师几次都向松松妈妈反映这个情况，松松妈妈除了向老师赔不是之外，也没有更好的办法。有几天，在松松的负面影响之下，原本只是有点调皮的几个男孩，也和松松一起上蹿下跳，班级里的纪律糟糕极了。为此，妈妈简直怀疑松松有多动症，在带松松去找心理医生进行测试之后，心理医生说松松只是缺乏专注力而已。于是，妈妈向心理医生详细咨询了关于专注力的问题，并开始有的放矢地培养和提升松松的专注力。

缺乏专注力的孩子，看起来和多动症的孩子很像，因为他们不管做什么事情都无法保持长久的专注，而总是在短暂集中注意力之后，马上就会变得三心二意，转而对其他事情感兴趣。保持注意力的时间很短，这是缺乏专注力的孩子最明显的特点。其实，孩子的专注力并非与生俱

来的，而是在成长的过程中不断培养的。很多父母并没有意识到专注力对孩子成长的重要性，因而对孩子专注力的培养总是不以为然，有些父母还会在无形中破坏孩子的专注力。例如，当孩子专心致志看蚂蚁的时候，父母会强制要求孩子必须马上回家；当孩子专心致志画画的时候，父母又会要求孩子去餐桌旁吃饭……在这样的过程中，父母不知不觉间就破坏了孩子的专注力，也导致孩子的注意力更容易分散。

在日常生活中，父母首先要为孩子创造安静的环境，尽量减少对孩子的干扰，这样孩子才能在做自己喜欢的事情时始终保持专注。其次，父母要对孩子进行专项训练，如果不知道哪些训练可以提升孩子的专注力，可以求助于专业的心理医生，从而在心理医生的指导下对孩子展开训练，以取得较好的效果。

从心理学的角度而言，想要培养孩子的专注力，父母还应培养孩子"延迟满足"的能力。在孩子想要做成某件事情或者想得到某种满足的时候，父母不要急于满足孩子，而是可以给孩子一定的时间去努力。在努力的过程中，孩子会感受到集中所有时间和精力的辛苦付出，也会在此过程中感受到争取结果的辛苦，这对于磨炼孩子的心智、帮助孩子全力以赴奔向成功有极大的推动作用，也会收到最佳的效果。

# 第09章
## 多多陪伴：没有什么问题是父母和孩子在一起不能解决的

陪伴，是父母给孩子的最好礼物。如今，太多的父母因为忙于工作，没有时间亲自照顾孩子，却不知道孩子的成长过程是不可逆的，一旦错过，就再也不会来。也有些父母尽管知道陪伴孩子的重要性，也的确抽出时间来陪伴孩子，却成为不折不扣的"低头族"，人和孩子在一起，心却和手机在一起，导致对孩子"伪陪伴"，反而因为对孩子关注度不够，而使孩子身处险境。这样的陪伴，有不如无。真正的陪伴，是全身心投入的陪伴，是给予孩子更多的关注和更丰满的爱，是和孩子一起探索这个世界。

## 寓教于乐，让孩子玩中学

如今，很多父母都非常关注孩子的学习，并且认为，孩子唯有学习好，将来才会有出息，才有可能出人头地。为此，父母们都陷入教育焦虑状态，恨不得让孩子一出娘胎就如同开挂一样努力认真地学习，而完全忽视孩子的身心的发展特点，也无法采取符合孩子身心特点的教育方式引导孩子发现学习的乐趣。最终，在父母望子成龙、望女成凤的迫切渴望中，孩子不堪重负，越来越厌倦学习。对于孩子的成长而言，这无疑是非常糟糕的。

原本，很多父母在孩子开始进入小学阶段之后才开始抓紧孩子的学习。如今，太多的父母被教育焦虑驱使着，孩子才两三岁，他们就恨不得让孩子超前学习。记得去年网络上的一篇名为《牛蛙之殇》的文章，就讲述了这样一个故事：全家人为了让孩子幼升小时考入名校，从孩子三岁开始，就带领孩子冲刺，进行了为期三年的准备，最终虽然符合名校的招生标准，也过五关斩六将地进入名校最后的面试阶段，孩子却因为压力太大导致感统失调，出现不自主地挤眼睛等症状。为此，孩子与名校失之交臂。年幼的孩子不知道自己错过了名校，但是全家人都为此深受打击。不得不说，这样的一场名校冲刺战，对于孩子而言是损失惨重的，从三岁到六岁，孩子失去了童年时光中最美好的三年，每天奔波

## 第 09 章　多多陪伴：没有什么问题是父母和孩子在一起不能解决的

于各种各样的培训班和补习班，完全忘记了童年的滋味。对于这样的结果，父母难道不觉得愧对孩子吗？考取名校，到底是真的为了孩子好，还是父母自以为是在对孩子好呢？孩子又是否需要这样的好，父母知道孩子的心思吗？

随着教育的不断提前，孩子的童年被压缩得越来越短。在对孩子无限的期盼中，父母完全忽略了孩子成长的自然规律，并对学习进行了无限度的扭曲。什么是学习？孩子从一出生，就开始学习。他们学习走路，学习吃饭，学习独立穿衣服，学习独立如厕，可以说，孩子没有一天停止学习，是父母把学习理解得太过狭隘，认为孩子的学习就是要掌握知识，就是要考取好成绩，就是要上所谓的名校。难道所有的孩子都有学习的天赋，都能考取名校吗？当然不是。每个孩子对于学习的天赋都是不同的，所以父母要接受孩子原本平庸的现实，对孩子放下那些不切实际的幻想，不要给予孩子过多的压力和沉重的负担。

为了让孩子不输在起跑线上，父母从孩子三岁进入幼儿园开始，就带着孩子进行冲刺，却在不知不觉中扼杀了孩子的天性。对于三岁的孩子，父母与其带着他们辗转于各个培训班，不如带着孩子多多亲近大自然，和孩子一起玩有趣的游戏，让孩子在父母的寓教于乐中爱上学习。否则，孩子一旦对学习感到乏味、失去对学习的兴趣，他们的学习就会成为不可持续的行为，他们的学习能力也会渐渐被削弱。而现代社会要求孩子全方面发展，也要求成人终身学习。如果孩子小小年纪就厌倦学习，在不该学习的年纪被迫学习，而在该学习的年纪逃避学习，这岂不是最大的悲哀？

对于孩子而言，生活的过程就是认知的过程。他们以好奇的眼睛看待这个世界，以极富探索欲的精神钻研自己不了解的事物，这本身就是一个学习的过程。而孩子对于世界的认知，是以玩耍的方式、以亲身实践来进行的。只有兴趣，才是孩子最好的老师。父母所要做的，就是保护孩子对于学习的兴趣，激励孩子在成长的过程中不断地求知、创新、保持想象力。这样孩子才可以实现可持续性发展，才可以在成长的过程中坚持努力进取。

很多父母自以为了解孩子，其实他们并不了解孩子的身心发展规律，也不知道孩子真正感兴趣的和需要的是什么，只知一味地把他们自以为是好的东西强塞给孩子。这样的误解，导致父母与孩子的相处陷入误区，也使得孩子在成长过程中渐渐地远离快乐。真正优秀的父母，会以玩的方式启迪孩子的心灵，开阔孩子的眼界，也会以玩的方式保护孩子的好奇心和求知欲，从而真正做到寓教于乐，让孩子在玩中学，在快乐中成长。

## 在游戏中培养孩子独立、乐观的精神

很多父母都以操纵孩子为乐趣，却毫不自知，也没有留意到孩子眼神中闪烁的光正逐渐泯灭，孩子的眼神变得越来越呆滞。这样的父母是孩子的杀手，看似是在爱孩子，实际上是在以爱的名义捆绑孩子，让孩子失去自由的天性，变得越来越呆滞。孩子从出生起，就要在父母的照顾下成长。尚且在襁褓之中的他们，没有能力选择如何去生活，所以，父母给予他们的模式，会成为他们成长的模式。若父母总是操纵和控制孩子，孩子就会渐渐地习惯被父母这样对待，在他们表现出非常听话乖巧的行为时，他们灵性正在渐渐消失，他们的各种技能也没有机会得以发展，甚至会慢慢退化。这样的孩子就像父母的傀儡，从未真正感受到成长的乐趣。

　　人们常常以活泼快乐来形容一个孩子，却不知道孩子是否活泼、是否快乐取决于他的行动能力。细心的父母会发现，那些特别爱动的孩子，性格往往乐观开朗，而那些特别安静沉默的孩子，则总是内向消沉的。为此，在孩子小时候，父母应该给孩子更多的机会，让孩子自由自在地活动，也让孩子探索这个世界。当孩子感受到自由行动的乐趣时，他们再也不愿意被禁锢在家里，而是会去寻求更大的活动空间和范围。他们在看到更多的人和事物的过程中，也受到更多来自外部的刺激，由此他们的智力水平更高，成长更加快速。而很多父母都不喜欢孩子像风一样自由，因为他们担心孩子的安全问题，也不能接受自己追不上孩子的现实。为此，他们想方设法束缚孩子，却在此过程中剥夺了孩子自由成长的权利。

　　顽皮的孩子活泼好动，他们也更爱玩、会玩。在玩耍的过程中，他们既动手，也动脑，他们在玩中学，也在玩耍的过程中开发智力、增强能力。随着能力水平的不断提高，孩子们越来越独立，他们的动手能力很强，很多时候都可以独立自主地解决问题。可想而知，长大成人之后，他们也会是真正的人生强者。

　　孩子的理解能力有限，他们的很多学习都是在亲身体验的过程中进行的。很多事情，父母讲解再多次，孩子未必能够完全理解。而如果孩子可以亲自去做一次，亲身体验这一过程，孩子就会恍然大悟。很多父母自以为可以引导和教育孩子，殊不知，父母过多的干涉是孩子成长的樊篱，会导致孩子在成长过程中束手束脚，最终，孩子也许会符合父母的要求和期望，却失去了自己的本来面目。作为父母，我们养育孩子难

道只是为了拥有一个自己的复制品吗？还是希望孩子可以活出属于自己的精彩人生呢？当然是后者。既然如此，就不要过度干涉孩子，也不要给孩子太多的压力和沉重的负担。

要想让孩子成为独立自主的孩子，要想让孩子始终保持创造力和想象力，父母就要多多陪伴孩子做游戏，且不要过多干涉孩子。首先，父母要给孩子足够的空间自由成长，不要限制孩子自由的天性，这样孩子才会始终保持灵性，眼睛里熠熠闪光。其次，父母不要总是想要控制孩子。尽管孩子的成长离不开父母无微不至的照顾，但是，随着渐渐长大，孩子的自我意识越来越强，父母要尊重孩子，平等对待孩子，而不要总是强制孩子必须做某件事情，让孩子完全失去自由。最后，父母在陪伴孩子成长的过程中，要怀着一颗赤子之心。子非鱼，焉知鱼之乐？很多父母对于孩子的兴趣不为依然，觉得孩子玩的都是小儿科的游戏，却不知道孩子从中得到了莫大的快乐。为此，父母不要总是先入为主地揣测孩子，而应站在孩子的角度上考虑孩子的需求，评价孩子的行为，这样才能更加切身体验到孩子的乐趣，更加支持孩子玩自己喜欢的游戏。

细心的父母会发现，几个月大的孩子，哪怕拿着一个小纸片，也能玩得不亦乐乎，甚至玩上一两个小时。这个纸片原本只是一个废品，在孩子手中却变成了最有趣的玩具。对于三岁孩子而言，他们也许不会如同婴儿时期那般玩纸片，但是他们会喜欢上其他的玩具或者游戏，也有可能对爷爷的老花镜特别感兴趣。只要孩子喜欢，就让孩子去玩，谁说老花镜给孩子带来的乐趣不如那些益智玩具更多呢？谁说看蚂蚁的孩子不比去电影院里看电影的孩子更加有创造力呢？父母要做的就是不把自己认为好的强加给孩子，尊重孩子的兴趣和爱好，给孩子更大的空间自

第09章　多多陪伴：没有什么问题是父母和孩子在一起不能解决的

由自在地成长、感受快乐。

## 孩子有自由，才有好情绪

很多父母都觉得现在的孩子脾气越来越大，稍有不如意就大发脾气，尤其是在做某件事被父母阻碍的时候，他们常常进行激烈的反抗，也常常为此而哭闹不休。面对委屈的孩子，父母也觉得很无奈，明明都已经最大限度满足孩子的需求，只是因为担心孩子遇到危险所以才会限制孩子的行动，孩子却不知道父母的苦心，反而对父母怨声载道。这是为什么呢？这么想来，父母也常常感到委屈。

其实，父母虽然没有打骂孩子，却限制了孩子的自由，正因为如此，孩子才会感到非常生气，才会情绪消沉低落。孩子的天性就是崇尚自由，尤其是在玩耍的时候，他们更愿意享受绝对的自由。一旦父母剥夺他们自由的权利，或者限定他们必须在特定的时间做特定的事情，或者强制他们必须按照父母的意志去做，他们就会感到非常生气，也会因此而变得焦虑不安、情绪消沉。试想一下，即使作为成年人，在被他人强迫着做某件事情的时候，我们也会感到很不开心，更何况是孩子呢？尤其是孩子的反应能力不如成人，如果不能随心所愿做事情，他们常常会感到非常懊恼，只能发泄情绪，而无法作出正确的调整，因而就会导致情绪低落、郁郁寡欢。

有一天，妈妈做了豆豆最爱吃的糖醋排骨，因而等到香喷喷的排骨做好了端上桌子后，妈妈赶紧喊豆豆吃饭。豆豆正在看最喜欢的动画片《大头儿子》，看得非常入神，对于妈妈的呼唤充耳不闻。妈妈喊了豆

豆好几次，豆豆都没有回应妈妈，而是坐在电视机前纹丝不动。妈妈失去耐心，走过去直接关掉电视，豆豆哭闹起来，耍赖不去吃饭，而是坚持要看电视。

妈妈强行把豆豆拽到餐桌旁，要求豆豆必须马上吃饭，但是，即使香喷喷的排骨也不能勾起豆豆的食欲，豆豆一直哭哭啼啼，导致爸爸妈妈吃饭的时候也觉得没有味道。

妈妈没有打豆豆，也没有骂豆豆，为何豆豆的情绪这么冲动呢？就是因为妈妈强行关掉豆豆的电视机，导致沉浸在动画片情节中的豆豆很生气。换作成人，如果正在兴致勃勃地做一件事情，却被他人强行打断，心中也一定不悦。不过成人可以有效调整自身的情绪，从而安排好事情的先后顺序，而孩子则没有这么机智灵活的应变能力。为了避免这种情况的发生，父母应该给孩子一定的缓冲时间，例如，在饭菜做好的十分钟前提醒孩子：饭菜马上做好，要准备吃饭了哦，十分钟之后吃饭。这样一来，孩子就可以提前作好心理准备，不至于突然面对强烈的刺激，乃至无法接受。

凡事未雨绸缪，一定比亡羊补牢更好。作为父母，我们要引导孩子合理安排玩耍的时间，也要提前制订游戏的规则，从而让孩子学会遵守规则，按部就班地做好一些事情。面对孩子对父母的呼唤无动于衷的情况，很多父母都会抓狂，并觉得孩子在故意挑战父母的权威。实际上，孩子只是因为比较专注，所以才会对父母的呼唤充耳不闻。当孩子全身心投入深入钻研的事情，他们的认真程度超出父母的想象，他们根本不会听到父母的呼唤。因而父母要保持理智和冷静，不要对孩子的不理不睬感到愤怒。如果孩子听不到父母的呼唤，父母不妨走到孩子身边，站到孩子面前，看着孩子的眼睛告诉孩子你的要求，这样才能有效引起孩

子的注意，而父母平静的情绪也有利于帮助孩子保持平静。

当然，父母要最大限度给予孩子自由，因为喜欢自由是孩子的天性；也只有在充满爱与自由的环境中，孩子才能健康快乐地成长，否则孩子就会越来越抓狂。好的父母，能够给孩子树立积极的榜样，也会引导和帮助孩子保持良好的情绪状态。

## 让孩子决定玩什么

很多父母对于孩子都存在误解，即觉得自己是最了解孩子的人，因而面对孩子的成长总是忍不住要指手画脚，试图掌控孩子的方方面面。殊不知，随着不断地成长，孩子的小心思越来越多，他们也有了自己的兴趣爱好，为此，父母如果不能与时俱进，就无法做到了解孩子，也往往会因为对孩子横加干涉而导致亲子关系恶劣。

尤其是现代社会，很多父母都陷入教育焦虑状态之中，恨不得从孩子出生起就对孩子进行早期教育，一些玩具的生产厂家也都顺应父母的心态和需求，生产出各种各样的益智玩具，这些玩意的市场销量非常高。有些父母曲解了寓教于乐的意思，以为只需要给孩子提供益智玩具，孩子的智力就能得以发展。殊不知，所谓的寓教于乐，绝不仅仅是给孩子提供益智玩具，而是要陪伴孩子玩耍，在孩子喜欢做的游戏中，引导孩子健康快乐地成长。为此，父母不应该强制要求孩子玩什么，而应顺应孩子的天性发展，让孩子自主决定玩什么，让孩子可以做自己感兴趣的游戏。

妈妈给三岁的豆豆购买了很多益智玩具，并且要求豆豆必须经常玩

这些玩具，以开发智力。然而，豆豆对于妈妈购买的玩具并不感兴趣，很多玩具买回家之后，豆豆只玩了几次就闲置一旁，不愿意再玩耍。

夏天来了，妈妈和豆豆一起去农村的姥姥家里避暑。到了农村，豆豆看到很多新鲜的玩意儿，例如，姥姥院子里的压水井，菜园里的黄花、西红柿，喂养的小鸡小鸭。豆豆完全把妈妈带来的玩具抛之脑后，整天都在院子里玩耍。开始几天，妈妈没有管豆豆，总想着豆豆才来到农村，未免觉得新鲜。过了几天之后，妈妈看到豆豆还是乐此不疲地在院子里玩，对豆豆说："豆豆，你也该玩玩具啦！"豆豆不愿意，对妈妈的话假装没听见，妈妈直接把豆豆拽到房间里，关起门，对豆豆说："今天上午必须玩玩具。"豆豆大哭起来。姥姥闻声赶来，了解情况后，对妈妈说："孩子平时在城里都被关在房间里，现在好不容易来到农村，你就让他在外面玩呗。"妈妈对姥姥说："妈，你不知道，这些玩具都是开发智力的，对孩子的脑子发育好。"姥姥不以为然："孩子和泥土打交道，是天性，让他们玩爱玩的东西，他们才高兴，才能发育好。"在姥姥的一番反驳下，妈妈无话可说，只得妥协。

姥姥说得很对，孩子只有玩爱玩的东西，才能感受到乐趣，才能在玩中学。否则，一味地强迫孩子玩所谓的益智玩具，让孩子远离大自然，束缚孩子的天性，反而会让孩子与父母发生矛盾，也导致孩子无法切身感受到玩耍的乐趣。

太多的父母在教养孩子的过程中都会犯先入为主的错误，他们自以为了解孩子，于是擅自做主，安排孩子的很多事情，殊不知，孩子随着渐渐成长，已经由那个凡事都依赖父母的小孩子变成了一个小大人。他们有自己的思想和主见，也有自己的爱好和选择，他们只想顺从自己的心意做事情，而不愿意一味地顺从父母。为此，父母在陪伴孩子成长

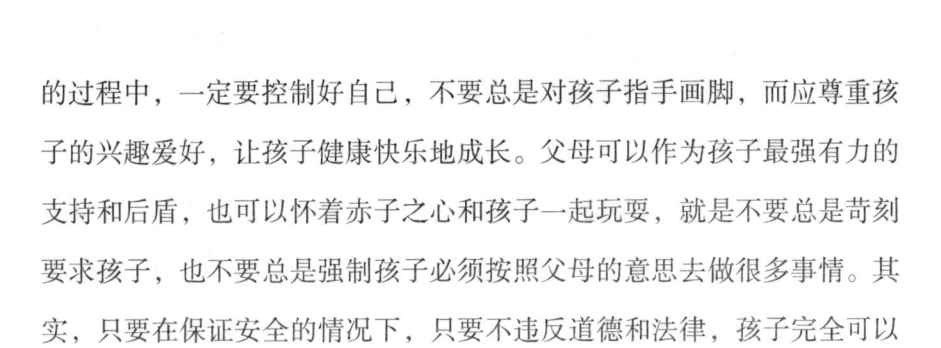

的过程中，一定要控制好自己，不要总是对孩子指手画脚，而应尊重孩子的兴趣爱好，让孩子健康快乐地成长。父母可以作为孩子最强有力的支持和后盾，也可以怀着赤子之心和孩子一起玩耍，就是不要总是苛刻要求孩子，也不要总是强制孩子必须按照父母的意思去做很多事情。其实，只要在保证安全的情况下，只要不违反道德和法律，孩子完全可以自由地做爱做的事情、玩喜欢的玩具和游戏，父母不应该横加干涉。唯有在爱与自由的环境里，孩子才能健康快乐，才能茁壮成长。

## 远离电子产品，亲近大自然

随着时代的发展，经济水平不断提升，人们的生活水平也越来越高。为此，电子产品走入千家万户，在短短的时间里就得以普及。如今，几乎家家户户都有手机、台式电脑、笔记本电脑、iPad等各种电子产品，为此，小小的孩子开始迷恋手机，一则是因为手机屏幕闪闪发亮，二则是因为手机上的色彩鲜艳，还有很多动画的形象。然而，孩子的视力发育不完善，电子产品很容易伤害孩子的眼睛，而且孩子的自控能力有限，如果长时间亲近电子产品，他们就无法抽出时间来面对大自然，更无法有效地以阅读等方式学习。总而言之，亲近电子产品不利于孩子成长。

然而，很多父母觉得孩子太闹腾，只有在玩电子产品的时候才能保持安静，为此他们会为了省心省事而给孩子玩电子产品。尤其是很多年轻的父母，本身就是低头族，无法抗拒电子产品的吸引力，更何况是孩子呢？此外，父母总是玩电子产品、依赖电子产品，也会对孩子产生负

面影响，给孩子作出错误的示范。为此，如今的孩子之中近视眼的越来越多，而这都是远离大自然、亲近电子产品惹的祸。作为父母，我们一定要控制好孩子玩电子产品的频率和时间。

除了对视力的影响之外，亲近电子产品也不利于孩子的脑部发育。有心理学家经过研究发现，很多爱看电视的孩子长时间接受过度刺激，会导致大脑结构改变。对于婴幼儿而言，他们的大脑可塑性很强，正处于快速的发展之中，而在电视的催眠和迷惑作用下，他们很容易发生大脑结构重组，导致注意力分散，情绪焦躁不安，思维能力很差。为此，美国儿科协会曾经告诫父母不要让不足两岁的孩子看电视，否则孩子的智力发育就会受到严重影响。此外还需要注意的是，即使孩子没有看电视，父母也不应该看电视。否则，若父母长久地沉迷于电视之中，则没有足够的时间与精力和孩子进行交流，同样会导致孩子的语言发展能力滞后。总而言之，父母一定要重视对孩子的陪伴，而不要以一种简单的方式把孩子交给电子保姆，还自认为这样就可以高枕无忧。

然而，现代社会，电子产品的普及率的确很高，为此，即使认识到电子产品的负面作用，还是会有很多父母用电子产品来刺激孩子，以其为陪伴孩子的介质。例如，当父母不愿意给孩子讲故事的时候，就会用电子产品来给孩子讲故事，而孩子有强烈的好奇心，他们很愿意亲自触摸电子产品。但是负责任的父母一定要控制好电子产品的使用频率，从而让电子产品在教育过程中起到锦上添花的作用，而不至于起到负面作用。

众所周知，人生是短暂而又宝贵的，与其把组成生命的材料——时间浪费在无聊的电视节目上，不如将其充分利用起来。无论是为了孩子好，还是为了自己好，父母都不应该看电视，甚至不应该让电视成为家

第 09 章　多多陪伴：没有什么问题是父母和孩子在一起不能解决的

里必备的电子产品。当彻底戒掉电视瘾后，父母一定会发现原本紧张的时间变得宽松起来，孩子也因此而得到更好的成长和陪伴。

## 孩子为何特别依恋某一个玩具

有些父母会发现这样一种现象：年幼的孩子对一个玩具产生浓厚的兴趣，而且对待玩具的态度和方式就像在对待一个活生生的孩子，甚至在与玩具说话的时候绘声绘色，在吃饭的时候也会让玩具陪伴在身边。不得不说，这样的情况令人堪忧。有的时候，孩子还会和玩具进行长时间的对话，在想象中与玩具进行频繁的互动，这些都会让父母感到非常诡异。看着孩子认真投入的样子，父母简直要怀疑孩子是否患上某一种精神疾病，才会表现出如此不同寻常的行为。

当父母试图阻止孩子继续和玩具深入交流的时候，会发现孩子对此非常抵触，甚至宁愿和父母吵闹，也要继续保持玩具在他们的心目中和生活中至高无上的地位。这是为什么呢？其实，父母无须紧张，因为玩具只是孩子在想象力异常丰富的阶段假想出来的一个朋友而已。通常情况下，有类似表现的孩子在生活中很孤单，他们社交的需求没有得到满足，或者也没有感受到父母的爱与陪伴，所以他们才会把感情寄托在玩具上。

有的时候，孩子在现实生活中受到委屈，郁闷的情绪淤积在心中无法发泄出去，也会把玩具假想成一个倾诉的对象，对着玩具倾诉心中的郁闷。在孩子丰富的想象力中，玩具可以变身成很多他们需要的人，也可以满足他们对于倾诉、感情等多方面的需求。因此，父母在看到孩

子对着玩具喃喃自语的时候,一定要保持镇定,不要声色俱厉地禁止孩子,也不要让孩子觉得内心惶恐。其实,在与玩具扮演多重角色的过程中,孩子自身的角色也会变得更加丰富和丰满,他们的内心也会更充实。

自从妈妈去上班之后,依依就很孤独。虽然奶奶从老家赶过来照顾她,但是她很想念妈妈,也因为与奶奶之间还很陌生,所以常常会一个人抱着玩具熊喃喃自语。奶奶看到依依的表现非常担心,因而把依依的情况告诉妈妈。妈妈也以为依依精神上出现问题,才会这样神思恍惚,所以特意去咨询儿童心理专家。

专家得知依依的情况,对妈妈说:"孩子之所以和玩具熊说话,是因为对妈妈的思念无处倾诉。因为孩子从小是由你带大的,所以,一下子换成奶奶负责照顾她,她一定会有很大的不适应,但是又因为和奶奶的关系还不够亲密,所以不想对奶奶说。如果有时间,你要多多陪伴孩子,帮助孩子度过这个特殊阶段。"在心理专家的解释下,妈妈意识到问题所在,让奶奶不必对依依的行为大惊小怪,而是要经常陪伴依依,尽快和依依加深感情。当然,妈妈也在工作之余尽量全心陪伴依依,还会借着周末的时间和依依一起出去玩。果然,依依开心而又快乐,很少再感到郁闷,和玩具熊说话的行为也有所减少。

对于孩子假想中的朋友,父母要保持镇定,孩子假想的朋友有可能是一个玩具,也有可能是一个毛毯,还有可能是他的枕头。当看到孩子与假想中的朋友沟通的时候,父母一定要保持镇定,哪怕孩子假想中的朋友超出了父母的认知,父母也要尊重孩子的朋友,理解孩子对于友情的需求。如果孩子愿意,父母还可以和孩子聊一聊他的朋友。记住,不要残忍地戳穿孩子的想象。为了减少孩子与假想中的朋友沟通的次数,父母可以多多和孩子聊天，也可以花更多的时间陪伴孩子，给予孩子爱与温暖。孩子从父母身上得到温暖、尊重和理解，自然会更愿意和父母相处。

在孩子全身心投入与假想中的朋友的相处时，父母要尊重孩子、配合孩子，而不要过度干涉孩子。父母还可以有的放矢地引导孩子区别对待假想中的朋友，帮助孩子区分想象和现实，这对于孩子的身心健康是有利的。当然，无论如何，当孩子频繁地与假想中的朋友互动时，父母一定要反思自己对于孩子是否给了足够的爱和关注，也要改变与孩子相处的模式，这样才能有效减轻孩子与假想朋友相处的行为，才能让孩子内心充实、感情丰富。

## 孩子为何这么孤单

每当看到孩子孤孤单单的样子，父母总是感到很心疼。毕竟现代社会大多数家庭里都只有一个孩子，父母又忙于工作，为此孩子和同龄人玩耍的机会很少，总是被关在钢筋水泥围成的家里。等到孩子三岁多进入幼儿园，这样的情况就会有所改观。毕竟孩子在幼儿园里可以接触到更多同龄的小朋友，也可以与小朋友相处，感受到友谊的乐趣。

然而，孩子适应幼儿园也需要一定的过程。如果孩子在进入幼儿园之前不懂得如何与人相处，在进入幼儿园之后还是像在家里一样横行霸道，则孩子很难快速融入幼儿园生活。作为父母，我们在孩子进入幼儿园之前要做好很多准备工作，其中之一就是教会孩子如何与人相处。很多父母对于孩子照顾得太周到，常常把孩子关在家里，还有的父母过于骄纵宠溺孩子，导致孩子形成自私任性的性格，总是以自我为中心，这

些都会导致孩子在进入幼儿园之后面临人际关系的困境。

刚刚三岁，可乐就进入幼儿园小班开始学习。因为爸爸妈妈都忙于工作，所以，从可乐出生起就雇用了全职保姆，但是，保姆为了省心，总是带着可乐待在家里，而很少带着可乐出去玩耍、晒太阳和其他小朋友相处。为此，可乐非常胆小内向。为了改变这种情况，妈妈决定把可乐送入幼儿园，这样可乐至少可以和小朋友们相处。

然而，最初进入幼儿园时，可乐每天都坐在自己的座位上，即使其他小朋友和老师一起唱歌跳舞，或者自由活动，可乐也不敢离开座位。她的怀抱里紧紧地抱着自己的杯子，似乎一旦松开手，杯子就会飞走。妈妈通过手机看到幼儿园里的实时监控画面，非常心疼可乐，但是妈妈很清楚，可乐因为之前始终被保姆圈养，必然要经历这样的阶段。为此，妈妈忍着心疼继续把可乐送往幼儿园。终于，在几个月之后，可乐真正融入幼儿园，与小朋友们在一起玩耍，再也不眼巴巴地盼着妈妈去接她放学，早晨也可以高高兴兴去幼儿园了。

孩子的天性就是喜欢玩耍，尤其喜欢和同龄人玩耍。在带养孩子的过程中，如果父母可以更多地带孩子与同龄人相处、和同龄人一起玩耍，则可以发展孩子的人际相处能力，也能让孩子学会如何与同龄人相处。否则，孩子的社交能力发展受到限制，未来在进入幼儿园的时候必然不知道如何与人相处。

有人曾经说过，父母即使再亲密无间地陪伴孩子，也无法取代同龄人在孩子成长过程中的重要作用。的确如此，父母是成人，常常从成人的角度来看待和思考问题，因而无法做到真正理解和体谅孩子。尤其是孩子正处于模仿能力和学习能力都很强的阶段，与年纪相仿的孩子一起相处，他们才更容易获得成长。作为父母，我们一定要多多鼓励孩子和

同龄人一起玩耍，发展孩子的人际相处能力，也促进孩子身心健康地成长，这对于孩子而言很重要。

## 让孩子学会明辨是非

　　孩子还小，心智发展不成熟，因此缺乏明辨是非的能力。在成长的过程中，他们开始学习与人相处，却因为不能明辨是非，不知道如何协调自己与他人之间的关系，乃至陷入人际矛盾和纠纷之中。

　　对于每个人而言，唯有具备明辨是非的能力，才能保证自己有正确的判断，知道什么是正确的、什么是错误的，才不会做错事情。对于孩子而言同样如此，否则他们就会颠倒黑白，把错误的事情当成正确的事情去做，乃至无法健康快乐地成长。父母一定要教会孩子明辨是非，当孩子做错事情的时候，不要一味地批评孩子，而应给孩子机会，让孩子自己分辨是非，这样孩子才会对于是非有更深刻的感悟。遗憾的是，在现实生活中，很多父母总是无法放下自我，而始终在孩子面前充当一个教育者，对孩子颐指气使。殊不知，人的本能都是趋利避害的，即使孩子，也不愿意被批评和否定。为此，面对父母的严厉批评，孩子往往很难接受，也会陷入排斥和抗拒的心态之中无法自拔。

　　也许对于父母而言，这样简单粗暴的教育方式是便捷的，也能在短时间内就收到最佳的效果，改变孩子的行为。但是对于孩子的成长而言，这样的方式很不恰当，不仅会让孩子陷入误区，也会导致孩子因父母的批评产生叛逆心理。作为父母，我们要接纳孩子本来的面目，并意识到孩子在成长过程中难以避免会犯错误。父母不但要接纳孩子的优

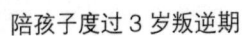

点，也要接纳孩子的缺点，即使孩子犯错误，也不要对孩子声色俱厉，这样孩子才能在成长过程中不断醒悟，才能得到最好的教育和引导。偏偏很多父母对于孩子的成长太过急功近利，根本无法静下心来对待孩子，以致让孩子感到迷惘和困惑。

有一天，妈妈带着果果去公园。公园里有好几个孩子，大家都喜欢玩滑梯，果果也加入孩子们的队伍中，开始玩滑梯。然而，果果太着急了，很想蹿过几个孩子排到前面去。那几个孩子当然不愿意，果果抬手打了其中一个孩子。那个孩子哭起来，妈妈赶紧走过去维持秩序，声色俱厉地教训果果："果果，你怎么能打小朋友呢？玩滑梯要排队，你不但插队，还要打其他小朋友，这简直是大错特错。"说完，妈妈还把果果强行带离滑梯，对果果说："果果，你要是这样，就别玩了，这是对你的惩罚。"

在妈妈接二连三的打击之下，果果哭起来，但是她并不知道自己哪里错了。稚嫩的她在想：下次，我一定要抢过别的小朋友，痛痛快快玩滑梯。果果是因为不能玩滑梯才哭泣的，但妈妈还以为果果认识到错误，留下悔恨的泪水呢！

很多父母一旦看到孩子犯错误，就会马上不分青红皂白地批评孩子，却不知道孩子是否认识到错误，也根本不给孩子机会反思错误、明辨是非。在这样的情况下，孩子只会因为情绪而冲动，而无法意识到问题出在哪里。日久天长，孩子只会越来越迷糊，在与小朋友玩耍的时候也无法做到遵守规则。

孩子不可能永远都在父母的庇护下，父母最重要的不是批评孩子，而是引导孩子反思错误、改正错误，这样孩子才会更加健康快乐地成长。否则，如果劈头盖脸训斥孩子一通，孩子却根本不知道问题出在哪里，那么孩子只会更加迷惘、不知所措。

## 第 10 章
## 你想孩子成为怎样的人，就要怎样对待孩子

爱是人生道路上的指明灯，在父母爱的包容下，孩子得以健康快乐地成长。当孩子心中充满爱时，他们也会把爱作为接力棒传递出去，赋予人生无限的潜能。作为父母，我们要想让孩子成为怎样的人，就应该先以怎样的方式对待孩子，这样才能最大限度激发孩子的生命力量，让孩子可以变得更加优秀和出类拔萃。

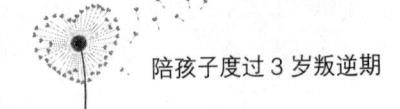

## 助人为乐，点亮孩子心灯

在教育孩子的过程中，很多父母关心孩子的成长，叮嘱孩子要好好与人相处，要努力认真地学习，从而考出好成绩。实际上，父母们都忽略了一点，那就是要教会孩子助人为乐。现代社会，大多数家庭都只有一个孩子，孩子们已经习惯了接受父母无微不至的照顾，也总是在成长的过程中向父母索取。实际上，在长期的骄纵和宠溺之中，孩子很容易形成错误的思想，觉得自己就是整个家庭生活的中心，也觉得自己是整个宇宙的中心。在这种观念的引导下，孩子变得很骄纵，也常常习惯于索取，而忽略了给予。

给予，永远是比索取更快乐的。大文豪高尔基就曾经教育儿子，"给，永远比拿更使人愉快"。的确，在人生的道路上，每个人都要学会给予，而不能一味地索取。给予是快乐的源泉，当孩子不断地成长，可以力所能及地帮助身边的人时，他们一定会觉得更加快乐富足。此外，当孩子慷慨无私地给予别人帮助时，他们也会得到别人同样的回报。得道多助，失道寡助，得到他人回报的孩子，人生会多一些可以选择的道路，成功的可能性也会大大增加。

也许有些父母会认为，三岁的孩子谈何乐于助人呢？正是父母这样狭隘的思想，导致孩子即使长大成人也缺乏助人为乐的意识和表现。三

第 10 章 你想孩子成为怎样的人，就要怎样对待孩子

岁，对于孩子的漫长人生道路而言是至关重要的一年，父母要抓住孩子三岁的关键时期，有的放矢地引导孩子，让孩子循序渐进地学会乐于助人，如此，孩子将来才会更加乐于帮助他人。否则，孩子如何能够养成乐于助人的好习惯呢？常言道，三岁看大，七岁看老。父母要想让孩子拥有积极乐观的性格、拥有优秀的品质，就要从孩子小时候起潜移默化地引导孩子。这样，孩子才能在渐渐长大之后理所当然地表现出优秀的品质。

具体而言，父母又要怎样引导孩子呢？首先，父母要为孩子树立良好的榜样作用，要以身示范乐于助人，这样孩子才能从父母身上得到积极的引导和力量，才能模仿父母的样子去对待他人。其次，父母要引导孩子设身处地为他人着想，拥有同理心。孩子不断地成长，需要与更多的人相处，要想让孩子拥有同理心，就要让孩子能够从他人的立场出发思考问题，并体谅他人的情绪感受。这样，孩子才能理解他人、宽容他人，才能与人为善。当然，三岁的孩子也许无法成功站在他人的角度思考问题，对此，父母可以教会孩子换位思考，即告诉孩子假想自己是他人，从而帮助孩子更加深入体谅他人的情绪感受。心理学家经过研究发现，三岁的孩子已经能够感受他人的痛苦，也会努力尝试安慰他人。例如，有的孩子看到小伙伴伤心地哭泣，他们也会哭泣，还会主动把自己的食物和玩具分享给小伙伴，这其实就是在安慰小伙伴。

此外，为了更好地引导孩子关注他人的感受，在与孩子沟通的时候，父母还要避免一味地责备孩子。例如，孩子和小伙伴打架、伤害了小伙伴，或是弄坏了某些物品，父母可以告诉孩子"你把小伙伴弄疼了""你把芭比娃娃胳膊弄破了，流血了"，而不要一味地责备孩子

"你这么调皮捣蛋""你可真是个破坏大王"。唯有如此,孩子才能感受到自己给他人或者玩具带来的不良感受,从而与小伙伴友好相处,并更加珍惜和保护玩具。总之,在三岁前后,孩子的思维更加倾向于感性。父母在与孩子沟通的时候,可以以感性的语言形象生动地向孩子表达,而不要一味地责怪孩子。

在引导孩子乐于助人的时候,父母可以先引导孩子了解和感受他人的痛苦,以激发孩子的同情心,从而让孩子主动怜悯他人,感知他人的情绪,进而做到主动帮助他人。孩子乐于助人的品质并非朝夕之间形成的,父母除了要言传身教、给孩子树立积极的榜样之外,还要潜移默化地引导和教育孩子。

## 在孩子需要时陪伴孩子

现代社会,随着经济的不断发展,生活水平越来越高,很多父母对孩子吃喝拉撒的花费都非常慷慨,尤其是经济条件好些的家庭里,父母更是不惜花费重金让孩子进最好的幼儿园,为孩子购买最好的食物和最高级益智的玩具,而完全忽略了孩子在成长过程中最需要的是什么。有些父母也许会说,我们已经拼尽全力为孩子提供最优渥的条件,还需要如何呢?的确,生活中物质条件的提高,让孩子的生活水平大幅度提高,也让孩子在成长过程中拥有最好的条件,但是,孩子最需要的,父母恰恰没有给。

对于孩子而言,再好的美食,再多的玩具,再优质的学校,也比不上父母给他们的陪伴。尤其是对于年幼的孩子而言,父母的爱是给他们

## 第10章 你想孩子成为怎样的人，就要怎样对待孩子

最好的礼物，而父母表达爱的方式，就是陪伴孩子。很多父母以为了给孩子创造更好的生活条件为借口，总是忙于工作，而不愿意给孩子更多的陪伴。实际上，陪伴是父母给孩子的不可或缺的礼物，也是最好的礼物，可以让孩子稚嫩的心灵变得更充实，感情变得更丰富，内心变得更笃定。因此，真正合格的父母，会在孩子需要的时候陪伴在孩子身边，而不会以任何理由和借口疏忽孩子。

心理学家经过研究发现，孩子在温暖友爱的家庭环境中成长，和在冷冰冰的家庭环境中成长，长大之后是截然不同的。如今电子产品很普及，而很多孩子都迷恋电子产品的声音和光色效果，为此，父母为了带孩子更加省心省事，总是给孩子一个电子产品，让孩子专心致志地去看。这样一来，尽管父母从带养孩子的辛苦中解脱出来，实际上却会导致孩子依赖电子产品。如今有很多孩子总是沉迷于网络游戏，人际关系冷漠，与父母和其他亲人之间也很生疏，这都是电子产品惹的祸。当然，电子产品再好玩也无妨，只要父母能够积极地与孩子互动，就不会导致孩子过度沉迷电子产品。通常情况下，得不到父母关爱的孩子、缺少父母陪伴的孩子，更容易沉迷于游戏。因此，父母一定要多多陪伴孩子，不要误以为花费时间和精力挣钱是值得的，把时间和精力用来陪伴孩子就不值得。在这个世界上，唯一值得父母花费最多时间和精力的，就是孩子。

父母一定要记住，再丰富的物质条件，再多的金钱，也无法弥补父母对孩子教育的缺位。孩子的成长过程是不可逆的，一旦错过孩子的成长，父母即使花再多的时间也无法弥补。正如朋友圈里流行的一段话所说的，若父母在孩子小时候努力挣钱，自称是为了孩子好，却忽略了孩子的成长，那么，父母辛苦挣一辈子的钱，还不够不成才的孩子祸害

一年的。而父母如果能够耐心地陪伴孩子，用爱和教育引导孩子，则孩子成才之后，也许只需要很短暂的时间就能把父母一辈子没有挣来的钱都挣回来。当然，这不是说挣钱多少是评价教育孩子是否成功的唯一标准，而是说孩子是家庭的希望，如果希望破灭了，父母即使有再多的钱又有什么办法呢？为此，父母一定要一直陪伴在孩子身边，努力地与孩子一起成长。对于父母而言，努力工作、赚钱养家固然重要，但陪伴孩子、和孩子一起成长更加重要。任何时候，作为父母，在看到孩子孤独的眼神时，我们都要当即陪伴在孩子身边，给孩子孤独的心灵以温暖的慰藉，也让孩子在成长的过程中得到爱的温暖。

需要注意的是，这里所说的陪伴，绝不是溺爱孩子。有些父母穷尽一生都陪伴在孩子身边，对孩子嘘寒问暖，满足孩子的一切需求，关注孩子的一切行为举动。这样的父母教育出来的孩子非常乖巧，也非常依赖父母，但是他们的陪伴最终宠溺出一个没有独立生存能力的孩子，也使得孩子一旦离开父母的照顾就无法面对这个世界。不得不说，这样的溺爱是对孩子最大的害，父母始终把孩子当成襁褓中的婴儿去照顾，使长大的孩子变成了一个巨大的婴儿，缺乏自理和独立生存能力。这样的情况，是父母绝对要避免的。

父母爱孩子，陪伴孩子，绝不意味着对孩子始终不放手。真正明智的父母之爱，是在孩子小的时候呵护孩子，随着孩子渐渐成长，开始有的放矢地对孩子放手，让孩子随着能力的增强不断地掌握生存的技能。唯有如此，孩子才能更加强大、更加快乐，并成为人生真正的主宰者。

第 10 章　你想孩子成为怎样的人，就要怎样对待孩子

## 给孩子树立诚实的榜样

孩子撒谎，是让父母很头疼的一个问题，因为大多数父母认为撒谎意味着孩子品行恶劣。实际上，正如前文所说的，三岁前后的孩子撒谎有很多原因，诸如他们分不清楚想象和现实，家庭教育太过严格，为了满足自身的需求，或者是为了避免受到责罚，孩子们也会撒谎。不过孩子在类似情况下撒谎是为了满足自身的利益，出于利己主义思想的驱使，完全不是为了危害他人。

要想让孩子更加诚实，养成诚实守信的优秀品质，父母就要以身示范，给孩子树立积极的榜样。所谓身教大于言传，很多父母要求孩子要诚实，自己却在不知不觉中撒谎而不自知，这样一来，就会给孩子留下不好的印象，也会导致孩子在成长过程中产生认知偏差。

有一天，果果在家里玩耍，电话铃突然响了。最近果果特别喜欢接电话，因而赶紧奔过去准备接电话。赶在果果接电话之前，爸爸对果果说："果果，如果是找爸爸的，你就说爸爸不在家。"果果以怀疑的小眼神看了看爸爸，不知道爸爸是何用意。果果接起电话，果然是找爸爸的，果果很犹豫地看着爸爸，不知道是该回答爸爸在家还是不在家。爸爸在一旁小声提醒果果，迟疑不定的果果，居然对着话筒说："我爸爸说他不在家。"

爸爸在一旁尴尬至极，气得赶紧夺过电话，和电话里的人解释："我家果果最近特别喜欢接电话，电话不让我们接，接了还瞎说。您有什么事情吗？"挂断电话，爸爸还批评果果："你这个孩子接了电话总是瞎说。"果果委屈地哭起来："爸爸撒谎，爸爸撒谎！"

作为成人，我们可以想到爸爸是有苦衷的，所以才撒谎。但是，作

为年幼的孩子，果果根本不理解爸爸为何撒谎。其实，每个人每天都会撒谎，有些谎言完全是无意之间说出来的，却无形中对孩子起到错误的引导作用，也在培养孩子诚实守信方面带来很大的负面影响。所以，一旦有了孩子，为了对孩子起到最佳的教育作用，父母一定要谨言慎行，而不要一不小心就当着孩子的面撒谎。

还需要注意的是，孩子的成长是漫长的过程，需要照顾到方方面面。毕竟三岁的孩子还小，又处于染之黄则黄、染之苍则苍的阶段，学习和模仿能力都特别强。为此，父母在孩子面前一定要把话说好、把事做好，这样才能给孩子树立积极的榜样，并以身示范引导、孩子健康快乐地成长。毕竟孩子还小，心智发育不够成熟，思维能力有限，人生经历也很匮乏。作为父母，我们必须有的放矢帮助和引导孩子，才能避免因为言行不一致而给孩子带来错误的引导。

## 不要当孩子的救火员

很多父母都已经习惯于无条件帮助孩子，在孩子小时候，他们无微不至地照顾孩子，随着渐渐成长，孩子已经具备了一定的能力，他们却依然不能对孩子放手，而总是对孩子亦步亦趋，照顾得无微不至。新生儿呱呱坠地，的确需要在父母的照顾下才能成长，但是随着不断成长，孩子会掌握越来越多的生活技能，也会具备独立生存的能力，在这种情况下，父母就要根据孩子成长的节奏循序渐进地对孩子放手，这样才能提升孩子独立生活的能力，才可以督促孩子不断地成长。

## 第10章 你想孩子成为怎样的人，就要怎样对待孩子

在孩子成长的过程中，父母们对于孩子的教养方式各不相同。有的父母对孩子管理得很严格，有的父母对于孩子管理得很松散，有的父母对孩子亦步亦趋、无条件满足，有的父母对孩子恩威并施，根据情况对孩子施以援手。明智的父母，不会对孩子有求必应，而是会根据孩子的能力对孩子提出相应的要求，以增强孩子的能力。俗话说慈母多败儿，若父母被孩子索求无度，且无限度满足和纵容孩子的欲望，那么，原本就缺乏自制力的孩子，一定会提出更多的要求，希望得到满足。父母固然要爱孩子，但对孩子的爱不能无限度，所谓凡事皆有度，过度犹不及，对于孩子而言，适度的爱最好。否则，如果孩子被父母保护在真空的环境里，始终泡在蜜罐里，则他们对于社会的适应能力就会很差，也很容易陷入困境之中。

每次出门之前，妈妈都会替果果带很多东西，如水、小零食、帽子等。妈妈觉得，果果还小，不会收拾东西正常。为此，妈妈总是无怨无悔地为果果收拾东西。然而，眼看着果果已经上幼儿园了，还总是丢三落四。有的时候，幼儿园里要求带东西，妈妈会提前为果果准备好，并提醒果果次日记得带去幼儿园，因为负责送果果的奶奶年纪大了记性不好，常常忘记，但是果果也总是忘记。为此，到了幼儿园发现没带东西，果果就不得不让奶奶回家去拿。

这不，万圣节快到了，幼儿园里要带南瓜灯，妈妈提前为果果买好，让果果带去幼儿园，但是果果又忘记带了。妈妈接到奶奶电话，得知奶奶要回家帮助果果取南瓜灯，偏偏奶奶的高血压犯了。妈妈对奶奶说："妈，你不要帮她取了。每次都取了送过去，对她没有影响，她就更记不住。这次你还高血压，就不给她送，让她长记性，不然以后上学的日子多着呢，谁能天天跟着她屁股后面送东西啊！"奶奶觉得妈妈说

得有道理,也的确感到头昏脑涨,因而就没有给果果送南瓜灯。果然,下次幼儿园里要带什么,果果都记得牢固着呢,忘记带东西的情况发生得越来越少了。

父母不要总是当孩子的救火员,否则孩子做任何事情都没有压力,又因为总是有父母在后面给他们收拾残局,所以他们必然会人无压力轻飘飘。如果孩子从小就习惯了这样去做人做事,那么他们长大之后也很难改掉这个习惯,显而易见,这对于孩子的成长和人生都是不利的。在家庭教育中,明智的父母不会随随便便当孩子的救火员,而是会给孩子一定的时间独立解决问题,同时努力发展孩子的思维能力。

在家庭教育中,父母如果相对"懒惰",孩子就会比较勤快。因此,父母要有意识地变懒惰一些,这样孩子才会凡事都依靠自己,才会有更好的表现。反之,如果父母过于勤快,总是为孩子包办一切,则孩子就会养成坏习惯,处处依赖父母,导致孩子的能力发展受到限制。因而,父母要学会偶尔"袖手旁观",尤其是在孩子力所能及的情况下,父母更要放手,让孩子自己去处理和解决问题。

## 坚持"自己的事情自己做"

自己的事情自己做,这是很多父母在孩子成长过程中,常常说的话,以此来教育孩子学会独立自主。然而,如果不能在孩子小时候就培养孩子独立做自己的事情的好习惯,那么,等到孩子长大了,也依然会延续小时候的传统,习惯让父母代替他们包办一切。有些父母面对已经长大的孩子,总是抱怨孩子非常懒惰和拖延,不能把事情做好。其实,问题并非完全出在孩子身上，而很有可能出在父母身上。如果父母总是为孩子做好一切事情，渐渐地，孩子就会越来越依赖父母，并习惯享受安逸的生活，如此一来，他当然不愿意自己辛苦劳累去做事情。有些父母觉得孩子还小，能力有限，因而总是全权处理好所有的事情，殊不知，对于孩子而言，良好的习惯都是从小养成的。孩子尽管小，也有相应的能力，例如，在西方国家，主张在孩子十个月大小时就教会他把自己用脏的尿不湿扔到垃圾桶里，随着孩子渐渐长大，一岁半前后，父母就会引导孩子学会收拾玩具。正因为孩子的能力在这种循序渐进中得到培养，所以孩子才能在七八岁的时候帮助父母做家务、修剪草坪。

要想让孩子坚持自己的事情自己做，父母就要做好榜样，给孩子积极的影响。很多年轻的父母自己都不喜欢做家务，因为家里有老人，就把一切都交给老人去做。这样一来，父母即使教育孩子要自己的事情自己做，孩子也不会去做，因为他们亲眼看到，父母的很多事情都是交给爷爷奶奶去做的。人们常说，父母是孩子的第一任老师，这句话非常有道理。孩子虽然小，却一直在看着父母如何说、如何做，因此，父母要谨言慎行，这样才能给孩子树立最好的榜样。

孩子在两三岁的时候思维能力得到发展，自主行动能力也不断增强，为此他们很愿意动动小手小脚探索世界。对于孩子的探索，父母应该怀着支持的态度，而不要总是禁止孩子。否则，一旦打消了孩子的积极性，便会使孩子畏手畏脚，孩子就不愿意再努力做事情。有些父母认为孩子还小，根本没有能力做好每一件事情，实际上，孩子虽然小，却也有相应的能力，而且，即使孩子做得不好，只要多多锻炼，相应的能力就会不断增强。谁在成长过程中不曾犯错呢？孩子只有踩着错误的阶梯才能不断前进，父母要让孩子多多练习，从而循序渐进地提升孩子各个方面的能力。

哲哲三岁还不会自己吃饭,也不会自己如厕,至于穿衣服之类的,更是一窍不通。对于哲哲的情况,妈妈很担心,毕竟马上就要上幼儿园,如果什么都不会,老师可不会像在家里那样对孩子照顾得那么周到。哲哲从小就是由奶奶负责带养长大的,奶奶对哲哲非常爱护,代替哲哲做一切事情。为此,妈妈严肃地和奶奶针对哲哲即将去幼儿园的问题进行交流,让奶奶要着手开始训练哲哲的自理能力。

然而,哲哲已经习惯了衣来伸手、饭来张口,想要让哲哲主动做自己的事情,谈何容易!有一个周末,妈妈在家,看到哲哲吃饭的时候又让奶奶喂饭,妈妈说:"哲哲,你必须自己吃饭。"不想,哲哲眼珠子咕噜噜一转,对妈妈说:"妈妈,你必须自己做饭。你怎么总让奶奶做饭呢?"妈妈无语,说:"我不是上班吗?"哲哲不甘示弱:"但是你今天休息,还是让奶奶做饭。"妈妈只好当即表态:"晚上,我会做饭,你也要自己吃饭,好吗?"就这样,妈妈和哲哲达成一致。晚上,妈妈做好饭菜,哲哲只能乖乖坐到餐桌旁开始吃饭。

如果父母不能给孩子树立榜样,依然要依赖老人生活,那么孩子一定会看出父母对老人的依赖。作为父母,我们要先以身示范,才能对孩子起到积极的教育和引导作用。如果父母只许州官放火、不许百姓点灯,只许自己懒惰,而要求孩子凡事都亲力亲为,则很难对孩子起到引导作用。

当然,父母除了要对孩子起到积极的示范和榜样作用外,还要有的放矢地引导孩子解决问题。很多时候,孩子之所以不愿意自己的事情自己做,也许是某些事情对于他们而言的确难度太大,也许是他们对于完成某件事情丝毫不感兴趣。在这种情况下,父母要给予孩子积极的引导,这样才能帮助孩子提升能力,辅助孩子解决问题。

# 第 11 章
## 家庭教育要警惕这些常见错误

家庭教育中,父母即使再怎么小心谨慎对待孩子,也难免会出现各种错误。这些错误往往都是无意识的,因而父母很难规避。为此,父母首先要意识到错误的存在,然后才能主动反思自身,才能改掉这些常犯的错误,从而给予孩子更加正确的引导和更好的教育。

## 明确性别定位，孩子才有好性格

三岁之前，孩子的性别意识很薄弱，随着渐渐成长，他们的性别意识逐渐增强。不过，在这个阶段，孩子对于男性和女性的区别尚局限于表面上的不同，例如，女孩会以为只有穿裙子、扎辫子的孩子是女孩，男孩也会根据外貌来判断他人，例如，男孩是否短头发、穿着背心短裤等。随着渐渐成长，孩子们对于男孩和女孩的本质区别才逐渐认识，并出现心理性别。当然，作为父母，我们千万不要觉得孩子小，就给男孩穿女孩的裙子，导致男孩出现性别错位，误以为自己是女孩。还有的父母性格大大咧咧，从小就给女孩穿男孩子的衣服，导致女孩误以为自己是男孩。不管是男孩还是女孩，都要有正确的性别定位，这样才能拥有好性格。

在男孩和女孩的性心理特征更加明显之后，男孩与女孩在言谈举止方面的性别特点也会更突出。首先，男孩变得更加勇敢，女孩则更加敏感细腻。随着男孩哭泣次数逐渐减少，父母不要觉得男孩不需要父母关注其心理和情绪，相反，在男孩哭泣的时候，父母要更加重视男孩的情绪情感，给予男孩及时疏导，因为，男孩哭泣的时候，恰恰是他们内心最为脆弱的时候。其次，男孩表现出更加强烈的竞争心理，他们很好斗，喜欢在全体之中成为出类拔萃者。而女孩则平和很多，也不愿意参

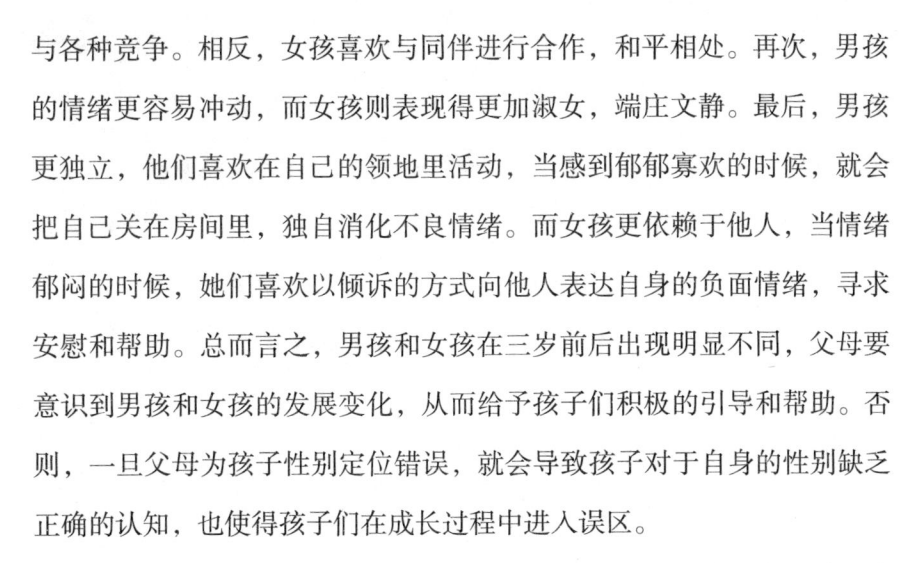

与各种竞争。相反，女孩喜欢与同伴进行合作，和平相处。再次，男孩的情绪更容易冲动，而女孩则表现得更加淑女，端庄文静。最后，男孩更独立，他们喜欢在自己的领地里活动，当感到郁郁寡欢的时候，就会把自己关在房间里，独自消化不良情绪。而女孩更依赖于他人，当情绪郁闷的时候，她们喜欢以倾诉的方式向他人表达自身的负面情绪，寻求安慰和帮助。总而言之，男孩和女孩在三岁前后出现明显不同，父母要意识到男孩和女孩的发展变化，从而给予孩子们积极的引导和帮助。否则，一旦父母为孩子性别定位错误，就会导致孩子对于自身的性别缺乏正确的认知，也使得孩子们在成长过程中进入误区。

曾经有心理学家表示，孩子们的性别意识与远古时代人类活动的分工有一定的关系。在远古时代，男人负责在外狩猎，而女性则负责在家里抚养孩子、采集野果。为此，男性与女性的性别心理截然不同，男性更加独立、勇敢，女性则依赖性更强，也需要在采集野果的时候和其他女性保持合作的关系。在人类社会的演进过程中，男性和女性的性别角色更加鲜明，父母需要对孩子进行正确的性别引导，才能保证孩子在人类社会中更好地发展与成长。

在带养姐姐的时候，哲哲妈妈给予姐姐很多的关注，也给姐姐买了很多花裙子。而等到哲哲出生时，妈妈理所当然地觉得哲哲还小，穿一穿姐姐的花裙子也没关系，所以妈妈也经常给哲哲穿花裙子。直到三岁前后，哲哲误以为自己是和姐姐一样的女孩，妈妈还觉得有趣呢！后来，哲哲去了幼儿园，老师让女生先去卫生间小便，哲哲坚持也要去。老师告诉妈妈这个情况，妈妈便说起自己经常给哲哲穿裙子的事，老师很严肃地告诉妈妈："哲哲妈妈，你可再也不要给哲哲穿裙子了。孩子现在三岁多，正处于性别意识的形成期，如果你给他错误的引导，即使

将来他长大了，知道自己是男孩，也会情不自禁地表现出女孩的行为特征和心理特征。您一定要告诉哲哲他是男孩，给他穿男孩的衣服，带他玩男孩的玩具，否则，性别意识一旦形成，孩子对于自己的性别认识错误，将来就会遇到很多麻烦事。"且不说将来，只说哲哲现在坚持要和女孩一起去卫生间，妈妈就感到很头疼。因此，回到家里之后，妈妈第一时间就收起哲哲的裙子，给哲哲买了一些男孩特征明显的衣服和玩具，也让爸爸经常陪伴哲哲。终于，几个月之后，哲哲明确了自己是男孩，在行为表现上也更加男性化。

很多人形容男孩有明显的女性特征时，都说男孩非常"娘炮"。在教养孩子的过程中，父母一定要帮助孩子形成正确的性别意识，这样孩子才会按照他们的性别去发展心理性别，做出符合他们性别的行为举止。否则，如果孩子长期处于错误的性别意识之中，其行为举止也会出现性别错误，使得孩子的成长和发展受到阻碍。

心理学家经过研究发现，男孩女孩天生不同，例如，男孩对于人和物之间的关系更加兴趣浓厚，而女孩对于人与人之间的关系更加感兴趣。为此，男孩善于开车等机械运动，女孩更善于处理人际关系，语言发展也比男孩更加提前，语言能力也相对更强。作为父母，我们是孩子的指引者，一定要引导孩子进行正确的性别认知，而不要总是误导孩子，更不要混淆孩子的性别。孩子的心智发育不成熟，对于自身并没有正确的认知和评价，为此他们常常把父母的评价作为自己的评价。作为父母，我们一定要正确认识孩子在成长过程表现出来的各种言行举止，而不要总是误导孩子。父母是孩子的镜子，也是孩子的老师，唯有给孩子营造良好的成长环境，才能保证孩子健康快乐地成长。

## 打人不打脸，保护孩子自尊

孩子把父母的评价看得很重，得到父母的认可与赞赏，他们会觉得很高兴，被父母批评和否定，他们会觉得很沮丧。为此，父母对待孩子一定要慎重，不要肆意伤害孩子的自尊心，也不要让孩子失去面子。有些父母以为孩子很小，没有自尊心，也不在乎所谓的面子。其实不然。孩子再小，也有颜面需要保护，父母要发自内心尊重孩子，并真正做到平等对待孩子，这样才能保护好孩子脆弱的心灵。

如今提倡赏识教育，很多学校为了保护孩子的自尊心，甚至不主张使用红笔批改作业，这是因为用红笔尽管很醒目，却会伤害孩子的内心。作为父母，在面对三岁的孩子时，我们更应该讲究方式方法，而不能肆无忌惮地批评和否定孩子。从心理学的角度而言，孩子的自尊心在三岁前后就已经出现，而且非常强烈。

娜娜小时候一直跟随爷爷奶奶在四川长大，到了三岁半需要进入幼儿园，才被父母接到北京，在父母身边上幼儿园。然而，娜娜的四川口音很重，虽然父母给她上的是最好的国际幼儿园，每个月的学费价值昂贵，但是，娜娜在幼儿园里只要一张口说话，就会招致全班同学的嘲笑。才去了学校没几天，娜娜就无法忍受同学们的嘲笑，因而对于去幼儿园非常排斥和抗拒。

娜娜为何不愿意去幼儿园呢？就是因为同学们的嘲笑伤害了她的自尊心。从娜娜身上我们不难看出，再小的孩子也有自尊心，为此，父母在教育孩子的过程中，一定要注意保护孩子的自尊心，而不能肆无忌惮地对孩子说出那些容易伤害孩子的话。任何时候，父母的理解和尊重，都是给孩子的最好礼物。孩子尽管因着父母才来到这个世界上，但他们

并非父母的附属品，也不是父母的私有物，而是独立的个体。为此，父母要真正尊重孩子，也要多多陪伴孩子，用爱、包容与理解，给予孩子最佳的成长体验。

在人际交往中，爱与尊重是最好的润滑剂。每个孩子都要做到自尊自爱，也要做到自信自强，而孩子这些优秀品质的形成需要漫长的过程，绝非生来就有。父母要耐心地引导孩子，也要给予孩子更多的机会提升自身的能力。其实，父母要想让孩子拥有成功而又充实的人生，要想让孩子拥有良好的心态，能够健康快乐地成长，就既要给孩子爱与自由，也要给孩子尊重与平等。

当孩子还小时，不管是从生理的角度还是从心理的角度来说，孩子都处于弱势群体。父母作为亲子关系的主导者，也作为孩子成长的监护者，在对待孩子的时候要更多地照顾孩子的情绪和感受，也要从积极正向的方面多多引导孩子。唯有如此，父母与孩子之间才会拥有和谐融洽的亲子关系，家庭教育才能水到渠成。

## 不要把自己的愿望强加于孩子

尽管很多父母都知道不能把自己的意愿强加给孩子，但是知道是一回事情，真正做到又是另一回事情。作为父母，我们难免会始终牢记自己的身份，在孩子面前摆起父母的权威，端起父母的架子。实际上，孩子尽管因着父母来到这个世界上，却不是父母的附属品和私有物，而是完全独立的生命个体。的确，新生命呱呱坠地之后的很长一段时间里，都要依赖父母的照顾才能生存，但是，随着渐渐成长，他们的自我意识越来越强烈,思想和主见更加成熟,为此,他们想要摆脱父母的照顾,也想脱离父母的安排和控制,他们想为自己做主,成就自己的人生。对于孩子而言,这显然是很难做到的,却又是至关重要的。

为此,父母在教育孩子的时候,如果总是把思想意识停留在孩子出生之后的状态,觉得孩子离不开父母的照顾,必须得到父母的全方位呵护,则大错特错。随着孩子的成长,父母也要不断地进步,这样才能与时俱进,了解孩子的发展状态,并采取恰当的方式对待孩子。若父母始终把孩子当成婴儿来对待,则会使孩子很压抑,也会因为把孩子保护得过于周到严密,使得孩子的能力发展受到限制。尤其是很多父母常常把自己没有完成的愿望强加在孩子身上,导致孩子的自尊心受到伤害。如此一来,孩子当然会郁郁寡欢,也会因此而变得内心紧张焦虑。孩子是自己人生的主人,他们只想在成长的道路上活出自己想要的样子,父母在照顾孩子时,随着孩子能力的增强,也要循序渐进地对孩子放手,减少对孩子的限制和禁锢。唯有如此,父母才能给孩子充满爱与自由的环境,让孩子发展天性,快乐成长。

周日,妈妈带着哲哲去单位加班,有个见过几次面的叔叔看到哲哲可爱,非要抱起哲哲、亲吻哲哲。哲哲躲闪到妈妈身后,妈妈觉得哲哲很小气,也很胆小,为此不好意思地训斥哲哲:"这个孩子,真是越来越不懂得礼貌了。快,让叔叔抱一抱,看看你有没有变重。"但哲哲死死抓住妈妈的衣角,不愿意出来。叔叔悻悻地离开了,妈妈批评哲哲:"哲哲,叔叔想要抱抱你,是喜欢你,你怎么这么小家子气啊!"哲哲说:"叔叔亲我,胡子很硬,扎人。"妈妈这才知道恍然大悟,了解了哲哲的想法。

很多父母为了面子问题,常常强迫孩子做自己不想做的事情,例

如，要求孩子当着亲朋好友的面展示技能，要求孩子被某个人抱等。对于父母的这些要求，孩子常常表示抗拒，父母却经常强制要求孩子。殊不知，父母根本不了解孩子的真实想法，就擅自代替孩子作出选择和决定，这对于孩子而言是极大的不公平。父母要了解孩子，也要洞察孩子内心的真实想法，更要尊重孩子。这样才能避免强迫孩子的情况发生，才能有的放矢地缓解孩子内心的压力。

对于孩子而言，他们不愿意做父母安排的事情，一定有他们的理由。孩子的思维方式和成人是截然不同的，作为父母，我们不要以成人的思维揣测孩子，也不要总是强迫孩子做他们不喜欢的事。要想减少亲子冲突，让亲子感情更好地发展、变得更加深厚，父母就要理解孩子的内心状态，并给予孩子更好的成长和发展。

## 不要带着负面情绪教育孩子

现代社会生存压力极大，很多父母不但要照顾家庭，还要努力工作，因而难免会承受过大的压力，以致心力交瘁、情绪欠佳。为此，在教育孩子的时候，父母难免会带有情绪，孩子也就成为无辜的出气筒，也许只犯了小小的错误，就会莫名其妙地被父母一通训斥。不得不说，这对于孩子的成长是极其不利的，对于孩子的情绪状态也没有任何好处。很多父母都觉得孩子情绪不佳、脾气暴躁，却不知道自己的坏脾气无形中给孩子树立了坏榜样。细心的父母会发现，如果父母情绪平和，那么孩子往往也会情绪平和；如果父母总是陷入情绪的旋涡中无法自拔，则孩子就会常常被情绪主宰和控制，成为情绪的奴隶，表现出脾气

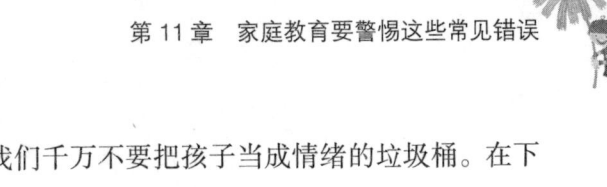

糟糕的样子。作为父母，我们千万不要把孩子当成情绪的垃圾桶。在下班回家之前，我们就应该处理好情绪，并放下工作上的烦心事，带着好情绪回家。特别是在教育孩子之前，我们更应该梳理好情绪，从而避免负面情绪影响到孩子。

　　除了工作上的负面情绪之外，父母还面临着生活中很多琐碎的问题，诸如夫妻关系问题、人际关系问题等。最常见的情况是，父母之间夫妻感情不和，因此，在对孩子说话的时候，总是把家庭生活中的不快发泄到孩子身上，导致孩子成为父母婚姻不幸的受害者。这是万万要不得的。明智的父母即使彼此感情不和、选择分开，也不会在孩子面前说彼此的坏话，更不会满嘴跑火车，给予孩子负面的引导。有人说，在这个世界上，爸爸给孩子的最好礼物，就是爱孩子的妈妈。的确如此，父母要爱孩子，更要给予孩子完整的爱。父母有权利选择婚姻的状态，但是不要给孩子的成长带来额外的压力。

　　哲哲的爸爸妈妈正在闹离婚，为此，妈妈的情绪很不好。妈妈带着哲哲回到娘家住，已经很久没回家了。有一天，哲哲在客厅里玩游戏，不小心把茶几上的玻璃茶具碰掉了，砸碎了一地，还把地砖也砸出一个伤口。妈妈当即大发雷霆，因为那套茶具是姥爷最喜欢的，而地砖则是姥姥最喜欢的。哲哲一下子就破坏了姥姥、姥爷的心爱之物，妈妈对着哲哲吼道："你这个孩子是怎么回事，怎么总是这样调皮呢？做事情毛手毛脚，和你那个没出息的爸爸一样，废物，百无一用。"

　　哲哲被妈妈一通臭骂，顿时号啕大哭，而且哭喊着要找爸爸。妈妈怎么哄骗都哄不好，心情更加恶劣。姥姥回家看到此情此景，狠狠地批评了妈妈："你这个孩子都当妈了，怎么还没心没肺的呢？本来你们又是闹分居，又是闹离婚，孩子就够遭殃的了，你还这么骂孩子，孩子得

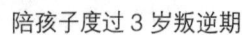

有多么难受呢？"姥姥的话让妈妈哑口无言，看着哲哲哭得伤心，妈妈更加觉得对不起哲哲。

显而易见，妈妈在和哲哲沟通的时候，把和爸爸感情不顺利带来的负面情绪也发泄到哲哲身上了。其实，妈妈即使再怎么向哲哲发泄愤怒，哲哲也无法决定爸爸妈妈之间的感情，反而会因为爸爸妈妈婚姻状态的改变而成为最大的受害者。正如姥姥所说的，哲哲本来就很遭殃，如果妈妈再这样对哲哲发泄怒气，哲哲就更加可怜。作为父母，我们一定要对孩子负责，为孩子负责的行为之一就是控制好自己的情绪，不把愤怒发泄到孩子身上。任何时候，父母对孩子的爱都不应该改变。哪怕父母离婚，也要给予孩子完整的爱，这样孩子才能健康快乐地成长。

在教育孩子之前，父母要先把情绪的包袱放下来，不管这些负面情绪来自于哪里——或者是来自工作上的不顺利，或者是来自于对彼此的感情缺乏信心——父母都要把负面情绪摆脱掉，然后再面对孩子。曾经有一位父亲，他每天回到家里之前，都会把情绪放在"情绪树"上，这样一来，他回到家里时就可以带着平静的情绪，也可以还给孩子一个好爸爸。

## 体罚孩子要不得

还记得电视剧里大家族施行家规的情形吗？家规总是苛刻而又严厉的，再加上封建家长制度，即使是成人触犯家规，也要接受惩罚。现代社会，尽管家庭教育更加开明，也依然有些父母受到传统教育思想的影响，动辄打骂、体罚孩子。不得不说，从孩子身心发展的角度而言，任何情况下，体罚孩子对于孩子的成长都是不利的。作为父母，哪怕已经黔驴技穷，我们也不要体罚孩子，而应该努力地从孩子身心发展规律入手，有效地引导孩子，积极地教育孩子。体罚，只会在孩子心中种下仇恨的种子，只会导致孩子在成长过程中误入歧途，无法面对自己。

父母体罚孩子的理由很多，有些父母因为孩子成绩不好体罚孩子，有些父母则完全忽视了孩子的身心发展规律，只要孩子做得不符合他们的预期，他们就会体罚孩子。不得不说，这样的父母不懂得教育的艺术，在教育方面完全是一个武夫，为此他们总是采取简单粗暴的方式对待孩子，而丝毫不顾及孩子的身心发展规律。实际上，孩子从呱呱坠地开始就在学习和成长，孩子的成长是一个漫长的过程，不可能一蹴而就。父母要想把孩子教育成才，要想让孩子形成优秀的品质和良好的性格，就要避免体罚孩子，而应以爱与自由为孩子营造良好的成长环境。

上了幼儿园之后，妈妈对于果果的标准明显提高。妈妈不但教果果认字，还教果果写字。有一天，妈妈教果果写了几个数字，就去旁边做家务。果果停下手中的笔，呆呆地坐着，没有继续写下去。妈妈做着家务抬起头，看到果果正在发呆，很生气，走过去一下子把果果的笔打掉地上，说："你这个孩子，妈妈这么辛苦，还得教你写字，你却只知道发呆，怎么不好好写呢？"

果果从未见过妈妈发这么大的火气，当即吓得哭起来。她可怜兮兮对妈妈说："妈妈，你别打我，我马上就写。"听到这句话，妈妈不由得感到揪心：我是多么凶神恶煞啊，果果居然这么害怕。从此之后，妈妈努力控制好自己的情绪，再也没有和果果动手，过了很久，果果才忘记妈妈打她的事情。

现实生活中，如果孩子对父母的话听若未闻，则父母会认为孩子

顽劣不堪，未免会觉得心力交瘁，也会因为无法控制住情绪而对孩子歇斯底里。不得不说，若父母情绪崩溃，则孩子的情绪也会受到影响。因此，父母要想有效地教育孩子，首先要控制好自身的情绪，然后才能有的放矢地教育孩子。

父母采取体罚孩子的方式教育孩子，也许能让孩子在短时间之内行为有所改善，而长远来看却只会导致孩子产生叛逆心理，也让孩子对父母感到畏怯。众所周知，要想让亲子关系良好，父母与孩子之间必须进行顺畅的沟通。一旦孩子对父母感到畏惧，如何还能与父母进行沟通呢？如果没有沟通为基础，父母与孩子之间如何相互了解？如此一来，父母就失去了一个了解孩子的途径。教育孩子，父母一定要心平气和，打孩子只会伤害感情，导致孩子在成长过程中与父母疏离，由此走上歧途的概率也会逐渐增大。

只有在良好的家庭环境中，孩子才能快乐成长。作为父母，我们千万不要让家成为孩子惧怕的地方，而应让家成为孩子全心向往的温馨港湾。近些年来，有些父母爱子心切，也望子成龙、望女成凤心切，为此，一旦看到孩子学习不好，就会对孩子施展各种体罚方式，目的只有一个，那就是提升孩子的学习成绩。有父母失手把孩子打伤的，也有父母失手把孩子打死的，这些父母痛心疾首，却已经无法挽回的后果。体罚孩子要不得，父母要用爱包容孩子，以尊重对待孩子，这样才能打开孩子的心扉，才能让孩子在成长的过程中感受到父母的关爱。

## 培养孩子的独立性

很多父母都抱怨孩子能力太差，什么事情都不会做，即便是会做的事情也做不好。其实，孩子之所以成长为巨婴（即身体强壮，能力很差），并不完全是孩子的错误，而是与父母总是对孩子无微不至地关心和照顾密不可分。太多的父母对于孩子采取过度关爱的态度，总是溺爱孩子，导致孩子五谷不分、四体不勤，在家里完全成为衣来伸手、饭来张口的小公主、小皇帝。对于这样的孩子，父母当然是不喜欢的，因为，随着孩子渐渐成长，父母对孩子的要求也变得不同。但是，父母尽管不喜欢这样的孩子，却没有有效地改善对待孩子的方式，更没有积极地引导和培养孩子。为此，父母一方面抱怨孩子，一方面继续宠溺孩子，最终导致孩子对父母依赖性太强，一旦脱离父母的照顾，就什么事情都做不好。

还有的父母不喜欢让孩子做事情，因为孩子能力有限，最开始做很多事情的时候根本做不好，导致非但没有帮父母分担，反而给父母增加了额外的负担。为了省事省心，父母索性把所有的事情都全权包办，也省得跟在孩子后面为孩子收拾残局。不得不说，这样的方式的确是很省心的，也节省时间，但是对于孩子的成长丝毫没有好处。很多事情都是父母在做、孩子在看，甚至孩子连看也不看，这种情况下，他们如何能够得以进步呢？作为父母，我们一定要给孩子亲自实践的机会，这样孩子才能在成长过程中有更好的表现。当孩子习惯于自己的事情自己做、做力所能及的事情时，他们就会越来越独立，并摆脱对父母的依赖。

可乐已经三岁半了，还特别黏着妈妈。不管做什么事情，可乐都要妈妈陪着才去做，这让妈妈非常苦恼。因为妈妈是职业女性，每天都

需要工作,很少能抽出时间来陪伴可乐,所以可乐就经常和保姆待在家里,不愿意出去玩,也不愿意参与其他小朋友的游戏活动。

有一次,妈妈带着可乐去姑姑家里。看到姑姑家的小表弟,可乐当即与表弟玩起来,妈妈也一直陪伴在旁边。姑姑喊妈妈说话,妈妈却说:"我得陪着可乐啊!"姑姑不以为然:"她在和弟弟玩,哪里要你陪!你过来吧!"妈妈告诉姑姑可乐很黏人,姑姑说:"你这样寸步不离地跟着她,她当然黏人。你要放手啊,渐渐地她就习惯了。"妈妈离开之后很担心可乐会哭闹,没想到可乐玩得好着呢,也没有要找妈妈。有了这次的经验,妈妈渐渐地对可乐放手,可乐果然不再缠着妈妈。

很多父母抱怨孩子黏人,其实不是孩子黏人,而是父母对孩子没有及时地放手。孩子的适应能力是很强的,父母不要小瞧孩子,也不要低估孩子的适应能力,只有跟随孩子能力的发展对孩子放手,孩子才会得到机会锻炼,从而增强自身的能力。此外,父母还要注意的是,孩子哪怕在一开始做某些事情的时候做得不好,父母也不要禁止孩子去做。父母宁可跟在孩子后面收拾残局,也要给孩子锻炼的机会,而不要总是限制和禁锢孩子,导致孩子无法得到发展和进步。

孩子天生就对这个世界充满了好奇,也愿意主动行动,对外部的一切展开探索。随着不断地成长,孩子之所以变得越来越胆小和怯懦,就是因为父母对于孩子总是采取包办的态度,导致孩子时时处处都依赖父母,最终依赖父母成性。明智的父母,会放手让孩子做喜欢的事情,在遇到难题的时候,也会让孩子拼尽全力解决难题。在不断尝试的过程中,孩子不断地成长,各个方面的能力越来越强,也会渐渐地走向独立。

## 坚定温和地拒绝孩子的无理要求

若孩子任性成性，哭闹不休，父母无疑会感到很抓狂。面对崩溃的孩子，父母甚至也会随之崩溃，而完全不知道要如何理性对待孩子。其实，对于任性的孩子，父母最好的态度就是坚定温和，这样既可以以平和的情绪帮助孩子保持情绪平静，也可以以坚定的态度让孩子意识到即使他们不停地哭闹也没有办法改变结果。这样一来，孩子的情绪也会得到恢复，他们也会尝试着接受父母的态度。

很多任性的孩子常常无理取闹，即他们明知道自己提出的要求毫无道理，还是会坚持要求父母满足他们的要求。也有一些孩子因为认知能力和逻辑思维能力的限制，无法意识到自己的错误，所以更加固执。为了减少孩子任性的行为表现，首先父母要开阔孩子的视野，改正孩子的认知，从而让孩子可以做到理性思考，也知道自己的要求哪些地方不合理。其次，父母还可以给孩子创造机会参与集体活动，让孩子在和同龄人相处的过程中主动学习，提升自己各个方面的能力，这样，孩子才会有效地控制自己，形成自我约束力。总而言之，面对孩子的任性，父母不要歇斯底里，也不要过分紧张，而应该兵来将挡、水来土掩，以平静的情绪面对孩子，帮助孩子健康快乐地成长。

甜甜始终在家人的宠爱与呵护下成长，因而渐渐地养成了任性的坏毛病。有一个周末，有客人来家里吃饭，妈妈做好饭之后安排所有人坐在餐桌旁，唯独甜甜在看一个有趣的动画片，无论如何也不愿意去餐桌旁坐好。为此，妈妈劝说甜甜："甜甜，赶紧来这里吃饭啦，你看大家都坐在这里。"甜甜小嘴巴一噘，说："我不，我不，我偏不！"在几次努力之后，甜甜还是不愿意来到餐桌旁，无奈之下，妈妈只好让甜甜

坐在正对着电视的茶几旁吃饭。原本端坐在餐桌旁的小客人，看到甜甜可以边看电视边吃饭，也不乐意了，于是也要求和甜甜一起坐到电视前吃饭。

孩子在任性的时候，父母一定不能妥协，否则孩子就会变本加厉，更不愿意遵守各种规则。孩子是很有眼力见的，看到父母一次妥协，他们就会试图得到下一次的特权。在事例中，因为甜甜得到特权，小客人也马上要求受到同等对待。因此，在有不止一个孩子的家庭里，父母更要坚持原则，帮助孩子养成遵守规则的好习惯。

很多父母觉得三岁的孩子还小，因此，在孩子任性的时候，为了息事宁人，就会对孩子采取妥协的态度。实际上，一味地妥协不利于帮助孩子形成规则意识，也会让孩子的任性变本加厉。作为父母，我们要对任性的孩子采取坚定温和的态度，这样才能传递给孩子正确的态度，让孩子更愿意遵守规则。

# 参考文献

[1] 施燕.这样说,孩子才会听[M].北京:中国妇女出版社,2012.

[2] 鲁鹏程.三岁叛逆期,妈妈怎么办[M].北京:机械工业出版社,2016.

[3] 芮雪.陪孩子走过三岁叛逆期[M].北京:新世界出版社,2016.